学前教育专业学生实践指导丛书

丛书主编 / 蔡艳

教育部职业院校教育类专业教学指导委员会2019年度课题

学前教育专业岗证赛课程融合实践教学体系建设的探索与实践（2019XQJYKT25）

幼儿园课件制作

主　编　魏芝玲

副主编　王　艳　王德云　冯　奇　张　力　林文发

WUHAN UNIVERSITY PRESS

武汉大学出版社

图书在版编目(CIP)数据

幼儿园课件制作/魏芝玲主编. —武汉:武汉大学出版社,2020.8
学前教育专业学生实践指导丛书/蔡艳主编
ISBN 978-7-307-21444-6

Ⅰ.幼… Ⅱ.魏… Ⅲ.学前教育—多媒体课件—制作—幼儿师范学校—教材 Ⅳ.G434

中国版本图书馆 CIP 数据核字(2020)第 050628 号

责任编辑:郭 静 责任校对:李孟潇 版式设计:韩闻锦

出版发行:**武汉大学出版社** (430072 武昌 珞珈山)
(电子邮箱:cbs22@whu.edu.cn 网址:www.wdp.com.cn)
印刷:湖北金海印务有限公司
开本:787×1092 1/16 印张:14 字数:298 千字 插页:2
版次:2020 年 8 月第 1 版 2020 年 8 月第 1 次印刷
ISBN 978-7-307-21444-6 定价:37.00 元

编委会名单

总　　序

随着社会的进步和教育的发展，幼儿园教师的专业发展问题日益受到专家学者和行业人士的关注。如何提升幼儿园教师的素养和专业教育技能，并从职业道德和知识体系等方面来完善和充实，以满足社会的需要，已成为当今社会普遍关注的焦点。2018 年 11 月 7 日，《中共中央国务院关于学前教育深化改革规范发展的若干意见》印发，《意见》明确："到 2020 年，广覆盖、保基本、有质量的学前教育公共服务体系基本建成，基本形成以本专科为主体的幼儿园教师培养体系，幼儿园教师队伍综合素质和科学保教能力得到整体提升，到 2035 年，为幼儿提供更加充裕、更加普惠、更加优质的学前教育。"《幼儿园教师专业标准（试行）》指出，幼儿园教师应该具备良好的职业道德，需要经过严格的培养与培训，掌握系统的专业知识与专业技能。很明显，这是从国家层面对广大幼教事业，提出了更有质量、更加优质的学前教育要求。

高校和高职院校是幼儿园师资的重要输出单位，其教育目标就是培养一批能适应社会发展、能满足幼儿园一线需求的高素质技能型专门人才。职前教育是学前教育专业学生接受知识、技能培养和专业化熏陶最重要的部分。

如何提高学前教育专业职前培养的质量，是所有设置学前教育专业的高校必须思考和探索的问题。为了提高高职学前教育专业毕业生的就业竞争力和市场竞争力，让高职学前教育专业学生更好地适应当代幼儿园的要求，全国高职院校职业技能大赛组委会自 2016 年起开始设置学前教育专业教育技能比赛项目（学前教育专业国赛）。学前教育专业国赛以国家下发的一系列学前教育法律、法规文件为依据，有着正确的方向性，国赛规程设计科学严谨，靶向指导了学前教育专业学生职前培养的规格和要求，起到了"以赛促建、以赛促改、以赛促教"的引领作用。

通过收集和比较学前教育专业岗、证、赛国家标准，不难发现，国家职业院校技能大赛学前教育专业教育技能大赛的竞赛项目在很多方面与教师资格证"国考"内容相吻合，同时又兼具一线幼儿园教师实践技能等方面的高标准需求。学前教育专业师生通过参与技能大赛，能够"以点带面"地促进人才培养模式、教学方式方法的改进，特别是促进一线幼儿园教师实践技能的提升。我们这套"学前教育专业学生实践指导丛书"就是梳理学前教育专业国赛赛项标准，综合幼儿园教师岗位、幼儿园教师资格证书要求，总结江汉艺术职业学院学前教育专业（国家骨干专业、省级品牌专业）30 多年来的人才培养实践经验，改革人才培养模式、教育教学内容、教学方式方法的成果之一。

江汉艺术职业学院面向课内教学已出版了 11 本学前教育专业职业技能实训系列教

材，其中《舞蹈》《幼儿舞蹈创编》《钢琴》入选“十二五”职业教育国家规划教材。本系列教材的推出是基于上述教材的补充和拓展。编写立足点是针对学生课下实践学习“量”的积累，配合正在建设的在线开放课程，供学生自主分析、学习、模仿、试教演练，以解因课上练习量的积累不足，导致实践能力提升慢、创新和发展思维受限的问题。本系列教材也可供其他教育层次学前教育专业学生、幼儿园一线教师用于强化专业实践训练、提升专业技能使用。

受编者学识水平和实践经验所限，系列教材难免有疏漏甚至错误之处，敬请专家学者和读者批评指正。

2020 年 5 月 20 日

前　言

在计算机迅速发展的现代社会，各种信息技术手段已渗透到了各个领域中。学前教育作为教育领域的重要组成部分，在幼儿的一日常规活动中也处处体现着信息技术的优越性。近些年，国家对学前教育越来越重视，对教师的要求也越来越高，计算机操作能力也成为了幼儿教师的加分项目，例如《幼儿园教师专业标准（试行）》的基本要求中，第 35 条是幼儿教师要“具有一定的现代信息技术知识”。

在学前教育专业相关的技能比赛中，不管是省级比赛还是国家级比赛，幼儿园课件制作都占有一定的比例。从近几年的比赛规则来看，省赛总分 400 分，课件制作占了 100 分，国赛总分 100 分，课件制作占了 10 分。由此可见，课件的制作能力，已经是幼儿教师必须掌握的一项技能了。

基于以上考量，根据《幼儿园教育指导纲要》和《3—6 岁儿童学习与发展指南》的精神，结合幼儿园实际教育工作需求，我们编写出了这本有较强的针对性、指导性、实践性的幼儿园课件制作教材。这本教材对于学前教育专业的教师和学生来说有更专业的参考价值，目前大多数学校使用的教材涵盖的范围太广，针对幼儿园课件的部分讲解的太泛，对于刚开始学习幼儿园课件制作的学生来说，无从下手，而这本教材只针对幼儿园的课件制作进行了详细的讲解，对学前教育专业的学生来说，具有很好的参考价值。这本教材对于激发学生学习制作幼儿课件的兴趣有很大的帮助，课件制作在省赛和国赛中都占了相当高的比例，而学前学生大多数对计算机课程的兴趣不是很浓，或者学习起来比较吃力，使用这本教材，学生能很快制作出幼儿园课件的成品，从而获得成就感和被认可感，以后学习制作课件的兴趣会更加浓。因为这本教材的编写是基于国赛的，里面体现了很多培训的思想和方式方法，更有很多辅导学生过程中产生的精美案例和部分国赛案例，所以无论是任课老师，还是学前教育专业的学生，拿到这本书，就相当于拿到了一本国赛课件制作的培训教程。

《幼儿园课件制作》紧扣《3—6 岁儿童学习与发展指南》的教育目标，按照不同领域不同年龄段的要求，提供了不同的案例。本教材总共提供了 13 个经典案例，其中包括五大领域，每个领域两个案例，在 2019 年国赛题库中选择了 3 个案例，并讲解了制作课件需要的基础知识、搜集素材需要的技巧等知识。

本书由江汉艺术职业学院魏芝玲主编，王艳、冯奇、张力、王德云、林文发作为副主编参与编写，郑雨、曾雪洁、鲁茜文、李雨汐四位同学对案例的制作提供了很大帮助，在此特别感谢各位老师和同学的辛勤付出。由于时间仓促，加之编者的水平能力有限，本教材肯定存在诸多的不足之处，敬请广大幼儿教师及幼教界的同仁批评指正。

本教材还配有电子版的相关资源，欢迎大家下载使用书中二维码。

魏芝玲

2019 年 6 月

目　　录

第一章　关于课件

随着计算机的普及和多媒体技术的发展，运用多媒体上课已逐渐成为一种趋势，因而课件制作已成为当前教师的一项基本功。那么，到底什么是“课件”呢？只有准确地理解这个问题，才能做出能解决实际教学问题的课件。

1.1　什么是课件

现在是信息化的时代，每一位教师都被要求和鼓励进行信息化教学，也就是使用些信息化的教学手段进行教学，其中必不可少的就是课件。

到底什么是“课件”呢？我们认为，课件(courseware)是具有共同教学目标的可在计算机上展现的文字、声音、图像、视频等素材的集合。也就是说，课件一般是根据教学大纲的要求，经过教学目标确定、教学内容和任务分析、教学活动结构及界面设计等环节，而加以制作的课程软件。它与课程内容有着直接联系。

当然不同的人有不同的理解。不过有一些观点需要澄清。

✧　课件就是 PowerPoint 吗？

显然不是。课件可以使用各种软件制作，PowerPoint 只是其中最常见的一种。

✧　那 PowerPoint 做出来的就一定是课件了吧？

也不是。PowerPoint 应用在各种领域，如工作汇报、企业宣传、产品推介、婚礼庆典、项目竞标、管理咨询、教育培训等，只有为了教学的需要，经过教学设计，制作出的 PowerPoint 演示文稿，才属于“课件”。

现在，你已经知道什么是课件了。回到一开始我们抛出的观点，总结起来，课件具有以下两个特征：

✧　数字化(可在计算机上展示的文字、声音、图像、视频等素材)

✧　能够解决教学问题(服务教学)

1.2　课件制作软件与工具

“工欲善其事，必先利其器”。当前课件制作软件众多，各有特色，使用之前必须充分了解，再做选择。

1.2.1　PowerPoint

微软公司的演示文稿软件，用户可以在投影仪或者计算机上进行演示，也可以将演示文稿打印出来，制作成胶片，以便应用到更广泛的领域中。利用 PowerPoint 不仅可以创建演示文稿(见图 1-1)，还可以在互联网上召开面对面会议、远程会议或在网上给观众展示演示文稿。其格式后缀名为：ppt、pptx；或者也可以保存为：pdf、图片格式等。2010 及以上版本中可保存为视频格式。

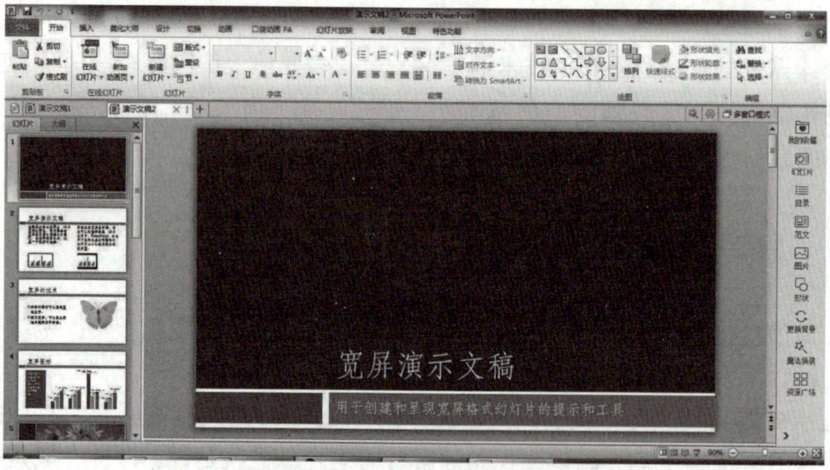

图 1-1　PowerPoint 界面

用本软件制作课件也是目前中学老师最常用的手段，就此软件来说，它的优点是做课件比较方便，不用多学，很容易上手，制作的课件可以在网上通过 IE 来进行演示文稿的播放；但就其功能来说就相对差了一点，图片、视频、文字资料的展示制作较为方便，很容易起到资料展示的作用，但是如果要达到交互方面较好的效果那就比较繁琐。由于 office 软件具有一定的普遍性，所以 PowerPoint 课件的使用一般也不需要进行打包等处理，只是需要注意易机使用时的音、视频文件的路径。

1.2.2　Authorware

Authorware 最初由 Michael Allen 于 1987 年创建，1992 年，Authorware 跟 MacroMind-Paracomp 合并，组成了 Macromedia 公司。2005 年，Adobe 与 Macromedia 签署合并协议，新公司名仍为旧名 AdobeSystems。

Authorware 是一种图标导向式的多媒体制作软件(见图 1-2)，使非专业人员快速开发多媒体软件成为现实，其强大的功能令人惊叹不已。它无需传统的计算机语言编程，只通过对图标的调用来编辑一些控制程序走向的活动流程图，将文字、图形、声音、动画、视频等各种多媒体项目数据汇在一起，就可达到多媒体软件制作的目的。Authorware 这种通过图标的调用来编辑流程图用以替代传统的计算机语言编程的设计思想，是它的主要特点。

Authorware 自 1987 年问世以来，获得的奖项不计其数，成为世界公认领先的开发因特网和教学应用的多媒体创作工具，被誉为“多媒体大师”。Authorware 的版本不断更新，功能不断增强，当前的最新使用版本为 Authorware7. 0。

图 1-2 Authorware 界面

1. 2. 3 Director

Director 是美国 Adobe 公司开发的一款软件，主要用于多媒体项目的集成开发。广泛应用于多媒体光盘、教学/汇报课件、触摸屏软件、网络电影、网络交互式多媒体查询系统、企业多媒体形象展示、游戏和屏幕保护等的开发制作(见图 1-3)。

图 1-3 Director 界面

使用 Director 能够使你便捷地创建包含高品质图像、数字视频、音频、动画、三维模型、文本、超文本以及 Flash 文件的多媒体程序。如果你在寻找一种可以开发多媒体演示程序、单人或多人游戏、画图程序、幻灯片、平面或三维的演示空间的工具的话，那么 Director 就是你最好的选择。

与其他的创作工具相比，Director 更加专业，功能更加强大。

1.2.4 Flash

Flash 是一个非常优秀的矢量动画制作软件，它以流式控制技术和矢量技术为核心，制作的动画具有短小精悍的特点，所以被广泛应用于网页动画的设计中，已成为当前网页动画设计最为流行的软件之一。

Flash 的前身是 Future Wave 公司的 Future Splash，是世界上第一个商用的二维矢量动画软件。1996 年 11 月，美国 Macromedia 公司收购了 Future Wave，并将其改名为 Flash(见图 1-4)，后又于 2005 年 12 月 3 日被 Adobe 公司收购。2012 年 8 月 15 日，Flash 退出 Android 平台，正式告别移动端。2015 年 12 月 1 日，Adobe 将动画制作软件 Flash professional CC2015 升级并改名为 Animate CC 2015.5，从此与 Flash 技术划清界限。

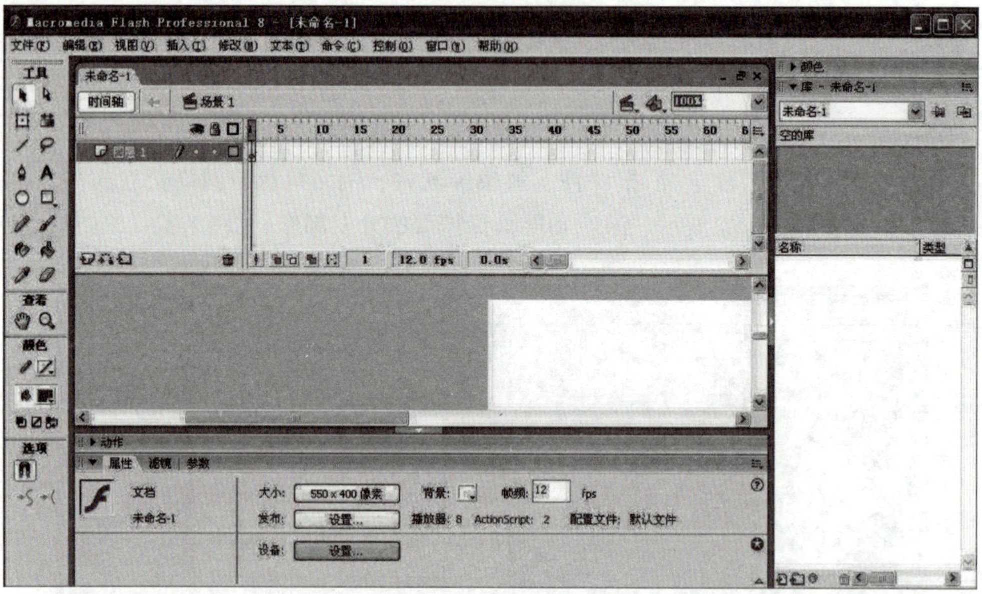

图 1-4 Flash 界面

1.2.5 几何画板

几何画板软件是一个动态几何作画工具，是由美国 Key Curriculum Press 公司制作并出版的优秀教育软件，1996 年该公司授权人民教育出版社在中国发行该软件的中文版。

几何画板软件具有鲜明的学科特征，主要适用于数学、平面几何、物理等学科(见图 1-5)。

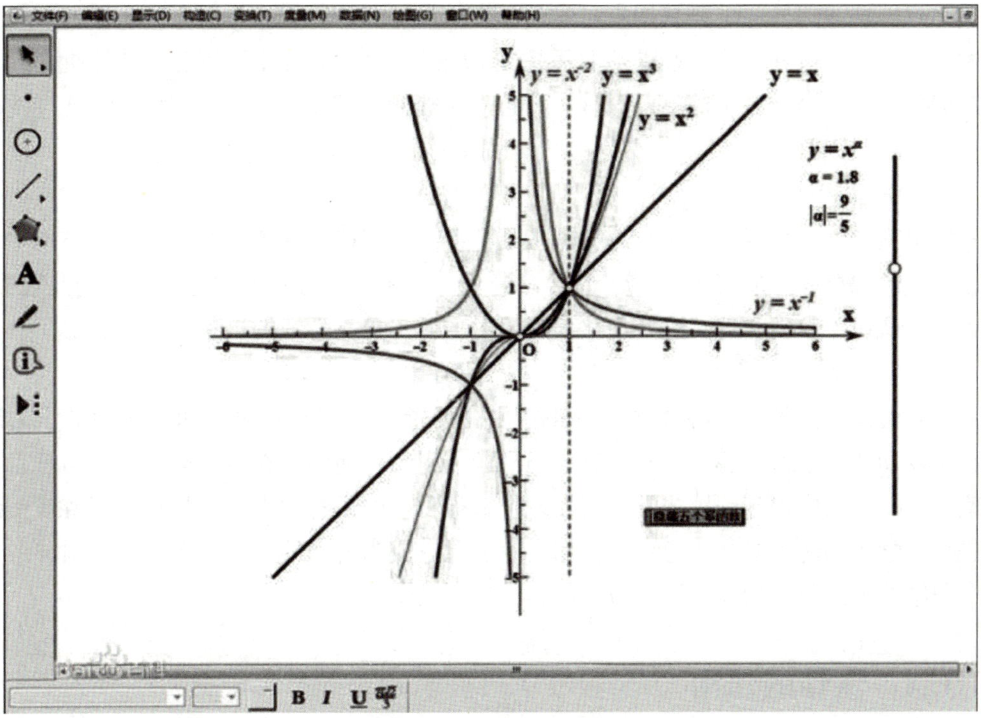

图 1-5　几何画板界面

由于 PowerPoint 是 Office 办公套装软件其中一个组件，而 Office 软件在中国非常普及，所以本书主要采用 PowerPoint 软件来制作课件。

1.3　课件的基本类型

课件类型可根据不同标准划分。根据制作软件的不同，可分为 PowerPoint 课件、Authorware 课件、Flash 课件等。根据应用环境不同，可分为一般多媒体课件和网络多媒体课件。而根据教学任务划分，幼儿教学的课件可分为演示型、练习训练型、模拟型、游戏型等几种基本的类型。

1. 演示型课件

演示型课件的主要目的是在课堂教学中辅助教师的讲授活动。演示型课件是随着多媒体 CAI 的课堂活动方式而大量涌现的，也是目前广大教师能够直接参与设计制作的课件类型之一。这类课件基本上遵循着传统课堂授课的方式，比较容易被教师理解和接受，也比较容易设计和制作。因为，这类课件直关注教学内容，而把教学的策略、程序和控制等问题交给了上课的教师。

2. 练习训练型课件

练习训练型课件，主要是用来对学习者某种技能的培养。练习训练型课件的基本使用过程是：计算机逐个或一批批地向幼儿提出问题，当幼儿给出回答后，计算机判断其正确情况，并根据幼儿回答的情况给予相应反馈，以促进幼儿掌握某种知识与技能技巧。

3. 模拟型课件

模拟型课件，主要是利用计算机模拟某种系统、规律、现象或过程，产生与现实世界相类似的现象，形成较为“真实”的学习情境，以便让学习者参与进来，供幼儿观察，帮助幼儿认识、发现和理解这些规律与现象的本质，提高学习的兴趣和效率。

4. 游戏型课件

游戏型课件寓教学于游戏之中。课件往往设置一种带有竞争性和趣味性的学习环境，激发幼儿的学习兴趣，对幼儿有着强烈的吸引力，使幼儿在富有教学意义而且目标明确的游戏活动中得到训练或是有所发现，取得积极的教育效果。教师在应用游戏型课件进行教学活动时，必须注意引导作用，不能让它成为普通的游戏，而应通过引导、启发、归纳等方式引导幼儿注意其教育内容，达到教学目的。

1.4 课件的作用

1. 向学习者提示各种教学信息

这是最基本的功能与作用。

2. 激发学生学习兴趣

传统的教学手段枯燥无味，没有直观的形态供学生了解，有了课件教学，能把语言文字所描绘的情境直观形象逼真地展现出来，使古板变生动了，抽象变形象了，深奥变浅显了，沉闷变愉悦了，能够吸引学生的注意力，激发学生的学习兴趣。

3. 提高效率，节约时间

使用课件，相比传统教学，可在最短的时间内，让学生清晰透彻地了解所需掌握的知识，并能灵活运用。

1.5 课件的基本结构

课件的结构是指课件中各教学信息的逻辑化和程序化关系及教学控制策略的组合。课件的结构一般由两个部分组成，一是教学信息单元之间的逻辑关系获先后顺序。它受知识体系的内在关系制约，只有掌握了最基础的内容，才能过渡到更高一层的内容。二是教学控制策略。这是学习者认知规律所制约的，如先易后难、先简后繁、由浅入深、推理或归纳等。

当然，知识系统的逻辑关系与学习的认知策略不是截然对立的，它们之间往往相互影响。只有根据教学任务和需求，将知识信息的呈现顺序与学习者的认知规律结合起来，才能组成相应的课件结构。课件的结构可以根据教学的需要，设计成各种各样的。它们体现着特定的教学思想、学习理论、教学任务和教学内容。任何课件都要根据教与学的需要来组织信息内容的呈现顺序以及教与学的控制策略。因此，可以认为，在教与学的控制策略制约下，信息单元之间形成的特定关系便是课件的结构。

从不同角度来看课件，它有不同的结构特征。这里就课件外在表现的结构加以说明。从总体上看，课件像一部带有交互性质的电影，由一帧一帧的页面组成。

封面：运行课件时出现的第一张页面。一般呈现课件的总名称或制作单位等，经常会以几秒的动画形式表现。

扉页：封面后的下一个页面，一般呈现课件的名称，如“可爱的小青蛙”。

目录：列出全部的大纲要点名称，类似于书目的目录，供学习者选择学习内容之用。

内容：呈现教学内容的页面，是课件的主要部分。

说明：为使用者提供如何使用课件的帮助信息页面。

封底：整个课件的最后一个页面，一般呈现制作课件的人员名单或者结束致谢的话语。

1.6 课件的特点

一个好的课件具有一些特点，其中科学性是基础，教学性是核心，技术性和艺术性是魅力所在。

1.6.1 科学性

科学性是教育教学活动中十分重要的教育原则。科学性是指课件应该能正确表达学科的知识内容。有两层含义：一是指课件内容正确、逻辑严谨、层次清晰，没有教学内容方面的知识性错误；二是指可见的表现形式、所使用的素材、动画与模拟内容符合科学规律。

但是，对于科学性需要做具体的分析，如果片面强调课件的科学性，会束缚教师的手脚，不利于进行课件的制作。

建议如下：

1. 原理要正确，要反映主要的机制，说明教学中的问题即可，细节可以淡化处理。例如，幼儿园大班科学“地球”一课，只要动态模拟地球、月亮和太阳是怎么运转的，能显示出三者位置关系的变化就可以了，而不用去考虑公转、自转、轨道共面性差异等细节，否则会使画面干扰主体，制作的复杂程度会大大增加，也不符合幼儿的心理特点和认知规律。

2. 显示的文字、符号、共识、图表及概念、规律的表述准确无误。

3. 要尊重科学事实，但为了教学的需要，可以进行必要的变形或夸张处理。例如，幼儿园中班科学“神奇的放大镜”一课物体放大的演示，为了使幼儿能够充分感知放大过程，可对放大部分进行夸张处理，让学生能够看得清楚。

1.6.2 教学性

运用课件的目的是优化课堂教学结构，提高课堂教学效率，既要有利于教师的教，同时又要有利于幼儿的学。因此制作或利用某个课件进行信息化教学是否有必要，这是利用课件进行教育教学首要考虑的问题，并不是每节课、每个知识点都得引入信息化教学。课件必须有它的教学价值，即教学性。我们可以从课件的教学目标、课件的内容及组织表现形式几个方面理解教学性的含义。

1. 教学目标：课件必须要体现教学思想和教学目标，明确课件要解决什么问题，要达到什么目的，教学目标的确定使教学更具有规范性。课件的具体呈现和实施是为其教学目标而服务的。例如，幼儿园小班健康“蔬菜营养多”一课，就是围绕着让幼儿养成吃饭不挑食这一目标来实现的。

2. 课件内容：教学内容要丰富、灵活，突出重点和难点。设计课件时要充分考虑课件的实际教学需要，主题必须精心、准确，体现实用性。

要选择能够创设情境，激发学生兴趣的内容，以激发学生强烈的求知欲，使他们处于主动地位，形成直接的学习动机。例如，幼儿园中班科学“海洋里的动植物”一课，利用课件创设情境，首先映入孩子眼帘的便是的屏幕上一幅配有声音的、流动着海洋生物的美丽画面，其教学主题一下子被孩子们抓住了，激发了孩子们的兴趣，积极性也得到了提高。

要选择传统教学难以表达或不能表达的内容。在教学实践中，我们将那些感觉比较抽象的、用图片实物等传统教育媒体难以展示其活动过程的、幼儿理解起来有一定难度的教学内容设计成课件，就能充分发挥现代教育技术的优势，弥补传统教学手段的不足，收到生动有趣的效果。例如，幼儿园中班科学“雷雨和闪电”一课，无论教师怎样启发，都无法让幼儿想象出雷雨前、雷雨中和雷雨后动植物及天气变化的有趣的现象，而我们通过课件将雷雨前、雷雨中和雷雨后动植物及天气变化的有趣画面清晰地展现在幼儿面前，幼儿会具体地发现：雷雨前乌云满天，鱼儿跃出水面，青蛙呱呱叫，燕子低飞，蝴蝶躲在叶子下面，蚂蚁搬家；雷雨中先看到闪电，后听到雷声；雷雨过后，阳光照射到雨后空气中无数的小水珠上，就可能会出现彩虹。这些知识，只有通过多媒体技术，才能使幼儿很快地理解和领会。

3. 组织表现形式：要发挥计算机的特有优势，符合幼儿的认知规律。课件在课堂上的优势是动态模拟，用以创设情境，激发幼儿的学习兴趣，扩大幼儿的感知量，使幼儿形成鲜明的印象，帮助幼儿掌握概念和规律。

1.6.3 技术性

技术性是指课件的制作和使用，满足各项技术性要求，操作简便、快捷、演示流畅。

课件的技术性具体体现在以下几个方面：

1. 课件能在不同的计算机上正确运行，字体能够正常显示，外部链接文件能正常播放，对系统依赖性小。

2. 课件内容加载速度快，声音与画面同步，响应迅速。

3. 课件交互合理，能响应使用者的不当操作。

使用声音可以增强课件的表现效果，但如果声音播放不出来，效果可想而知。所以要确定课件能正常播放。

1.6.4 艺术性

课件是科学性、教学性、技术性、艺术性的完整体现。它通过科学、技术与艺术的结合，使教学更有成效。课件必须突出艺术效果，课件的艺术性简单地说就是课件是否美观好看。

艺术性在课件中的作用

✧ 美化教学情境，丰富审美感知

在教学过程中，审美活动是以幼儿的直接审美感知开始的，美好情感不断被唤起、激发，并在教学全过程中不断丰富和深化，使艺术美潜移默化地深入到幼儿的内心。

✧ 人机交互，引人入胜

友好的交互环境设计和逼真的交互界面，能自然引导各种交互现象，提供与幼儿友好合作、平等竞争的环境，激发幼儿兴趣，促使幼儿自发、自愿地进行学习，使幼儿在不知不觉中进入学习状态。

课件的艺术性主要体现在课件的界面设计与课件所使用屏幕对象的艺术性上。影响课件的艺术性因素有很多，例如界面的布局、使用的色彩、字体、动画、声音等。

但课件又不同于其他多媒体作品，它并不追求色彩的艳丽、动画的多样。简洁统一才是课件艺术性的基本原则，简洁与统一本身也是对应的。只有统一才有可能做到简洁，界面简洁的课件才能保证学习者将注意力集中于教学内容上；统一简洁的界面也可以提高课件的易用性，让课件操作更容易。

如何做到课件的界面统一简洁呢？

✧ 用尽可能少的颜色；

✧ 用尽可能少的字体；

✧ 导航的方式与位置尽可能一致；

✧ 统一的音效：包括操作的提示音和背景音乐；

✧ 用尽可能少的动画方式，除非必须要借助动画表现课件内容和控制课件内容展现顺序外，过渡性的动画与切换效果尽可能统一；

✧ 使用风格一致的模板或背景。

1.7 幼儿园课件的特点

幼儿的身心发展不够成熟，注意力无法长时间集中，思维比较抽象，活泼好动，这就决定了在设计制作课件时，幼儿教师要注重趣味性、形象化和互动性，以吸引幼儿的注意力，调动幼儿学习的积极性。值得注意的是，各个原则之间并不是相互孤立的，而是相互促进统一的关系。

1.7.1 趣味性

所谓趣味性就是最大可能地使每一个幼儿在学习过程中享受最大的情趣。这种所谓的最大情趣实际上就是人的最佳心理状态。通常包括两个方面：一是课件的教学内容要让幼儿感兴趣；二是课件的表达方式引人入胜、生动风趣。

趣味性原则是以培养幼儿的学习兴趣、学习能力、生活能力和创造能力为目的，它提倡的不是学习的刻苦，而是学习的乐趣。教师要以幼儿的心理情趣为主导，以全面发展幼儿的心理素质和提高幼儿的学习乐趣为目的，以幼儿的个体心理特征为基础，在教师有针对性的启发和引导下，让幼儿自主性地、创造性地、有规律性地、不断地探索和发现新的知识、理论和真理，从而充分满足每一个幼儿的求知欲、创造欲和幸福欲。

这就要求我们寓教于乐，寓教于情。

1. 课件中，可以采取多种图形图像、声音、动画等多种感官刺激，尽量引导幼儿多看、多听。

2. 课件中，可以采取提问的方式来增强课堂趣味性，引导幼儿多进行思考。例如，向幼儿提问“我们为什么要洗手”，积极引导幼儿回答。通过幼儿教师与幼儿进行互动的形式，可以激发幼儿的想象力，培养幼儿的思考力，既有利于丰富幼儿的知识，也有利于引导幼儿形成正确的生活观念。

3. 教师要做好总结和引导，多采取鼓励性的语言，表扬幼儿的优点，使幼儿感受到快乐。

1.7.2 形象化

幼儿的认知具有具体形象的特点，对具体、直观、形象的实物容易理解。运用课件进行动态演示，可以把教学中无法表现出来的抽象实物和现象变得形象、生动、具体、直观，使教学内容形象、生动、鲜明地表现出来，引导幼儿去发现、探索和解决问题，取得事半功倍的效果，使幼儿易于理解。

1. 幼儿语言文字理解力弱，因此在幼儿园课件中要少用文字，多用图像、动画和声音。

2. 图形、图像是幼儿课件最重要的媒体形式，是幼儿最易感知和接受的表达方式。

3. 动画能给幼儿提供强烈的感官刺激，激起幼儿的兴趣，调动幼儿学习的积极性和主动性。

1.7.3 互动性

在教学中，幼儿处于主体地位。设计制作课件时，要注意调动幼儿的积极性、主动性。幼儿的主动性受到好奇心、兴趣、求知欲等因素的影响，教师要利用课件，善于因势利导，使幼儿保持与教师的互动。教师让幼儿参与到学习过程中，充分调动学习积极性，加深理解和记忆。

第二章 常用多媒体编辑工具

2.1 图片编辑工具

课件制作中需要用到大量的图片，但是获取的图片素材往往不能直接使用，需要通过编辑处理才能使用。

2.1.1 PowerPoint 2010 图片工具

PowerPoint 2010 版本的图片工具提供了较为强大的图片处理能力，直接使用图片的编辑、美化功能，能够更加方便、快捷地制作出个性演示文稿。

1. 图片的裁剪

有些图片有多余的水印需要去掉，或者我们只需要图片中某一部分的内容，可以在 PowerPoint 2010 中快速将图片多余的地方进行裁剪。

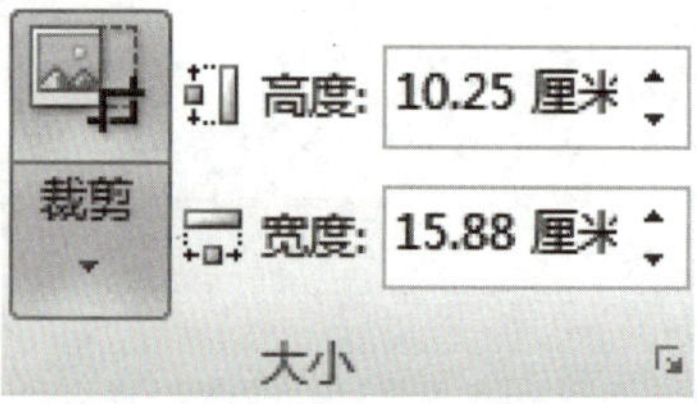

图 2-1

插入图片后，选中图片，单击【图片工具】的【格式】选项卡，单击【裁剪】(如图 2-1 所示)，随后我们可以看到图片边缘已被框选，使用鼠标拖动需要裁剪方向的边框进行移动(如图 2-2 所示)，确定好裁剪范围后，再次单击【裁剪】即可。

图 2-2

PowerPoint 2010 中的裁剪功能非常强大，除了直接对图片进行裁剪外，我们还可以通过【裁剪】—【纵横比】按照系统提供的图像比例对图片进行裁剪。此外，PowerPoint 2010 还提供了形状裁剪功能，单击【裁剪】—【裁剪为形状】，在此选择一种图形样式，这样图片会自动裁剪为该形状（如图 2-3 所示）。

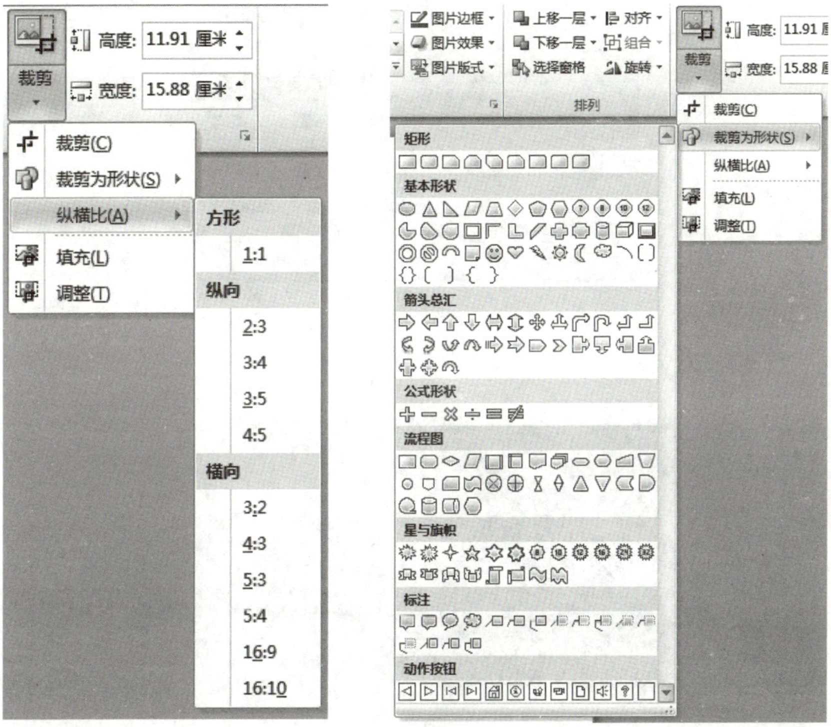

图 2-3

2. 去除图片背景

如果我们插入幻灯片中的图片背景和幻灯片的整体风格不统一，会影响幻灯片的效果，这时我们可以对图片进行处理，去除掉图片上的背景。去除图片背景一般都要用像 PhotoShop 这类专业的图片编辑工具才能实现，现在有了 PowerPoint 2010，我们就可以在演示文稿中轻松完成了。

选中图片，单击【图片工具】的【格式】选项卡，单击【删除背景】按钮，进入【背景消除】界面（如图 2-4 所示），此时我们看到需要删除背景的图像中多出了一个矩形框，通过移动这个矩形框来调整图像中需保留的区域。

同时，可以通过【标记要保留的区域】和【标记要删除的区域】这两个按钮，用鼠标进行细微调整，让保留的区域更加精准，最后单击【保留更改】按钮，这样图像中的背景就会自动删除了。（如图 2-5 所示）

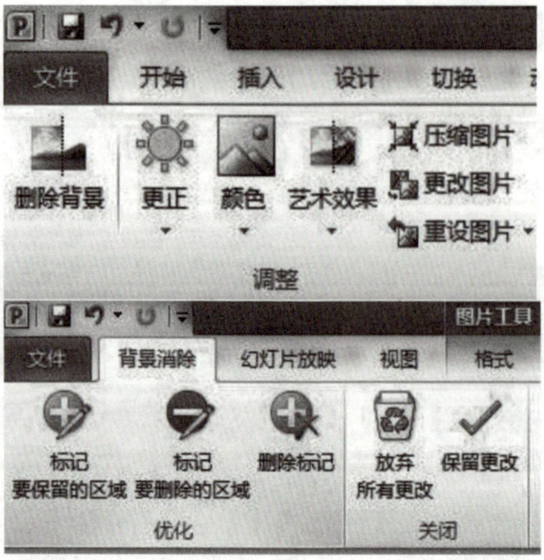

图 2-4

图 2-5

温馨提示：

如果背景只有一种颜色，就可以用【颜色】—【设置透明色】功能，将图片上某一种颜色去除。

PowerPoint 2010 提供的【删除背景】功能只是一个简单的背景删除功能，没有像 PhotoShop 等专业图片编辑软件更加细致和复杂的功能，因此太复杂的图片背景无法去除干净。

3. 图片的样式、颜色、艺术效果

如果我们添加到幻灯片中的图片未经处理，按照默认样式摆放在幻灯片中，总是让人感觉图片和幻灯片整体效果不太符合，很不专业。其实在 PowerPoint 2010 中增加了很多艺术效果和样式，这样我们可以非常方便地打造一张张符合我们要求的图片了。

选中图片，单击【图片工具】的【格式】选项卡，在【图片样式】区域右侧，可以给图

片添加边框、阴影、发光、三维旋转等效果(如图 2-6 所示)。在【图片样式】区域中间，有制作好的图片样式可以直接应用(如图 2-7 所示)。

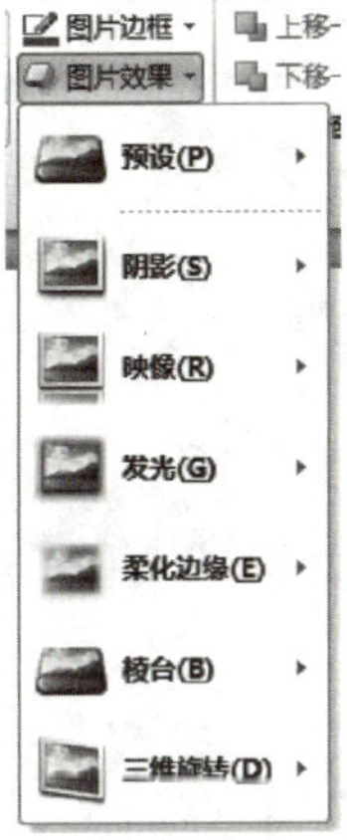

图 2-6

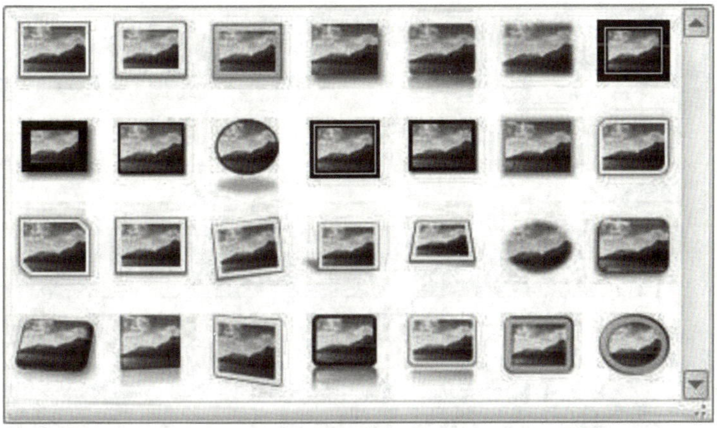

图 2-7

单击【图片工具】—【格式】—【艺术效果】下拉列表，在打开的多个艺术效果列表中我们可以对图片应用不同的艺术效果，使其看起来更像素描、线条图形、粉笔素描、绘图或绘画作品(如图 2-8 所示)。

图 2-8

在【图片工具】—【格式】—【颜色】下拉列表中，可以对图片的“颜色饱和度”“色调”“重新着色”进行修改，使其变成黑白、冷色、暖色和其他颜色(如图 2-9 所示)。

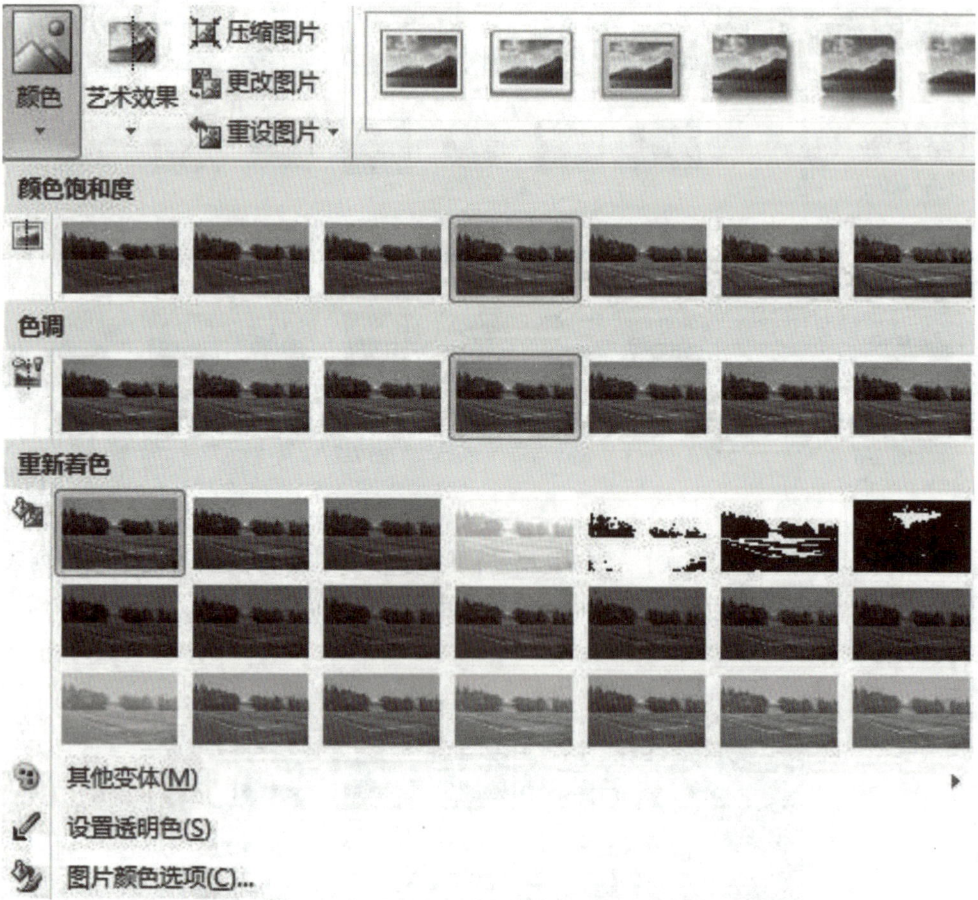

图 2-9

在【图片工具】—【格式】—【更正】下拉列表，可以改变图片的“锐化和柔化”“亮度和对比度”(如图 2-10 所示)。

此外，我们还可以根据需要对照片进行图片边框、图片版式、对齐、旋转、压缩图片等项目设置，使用户轻松制作出有个性的图片效果。

2. 1. 2　图片编辑软件：美图秀秀

在众多的图片编辑软件中，最流行最专业的当属 Adobe PhotoShop，简称“PS”，是由 Adobe 公司开发和发行的图像处理软件。PhotoShop 主要处理以像素所构成的数字图像，使用其众多的编修与绘图工具，可以有效地进行图片编辑工作。PS 有很多功能，在图像、图形、文字、视频、出版等各方面都有涉及。但是 PhotoShop 入门较难，需要

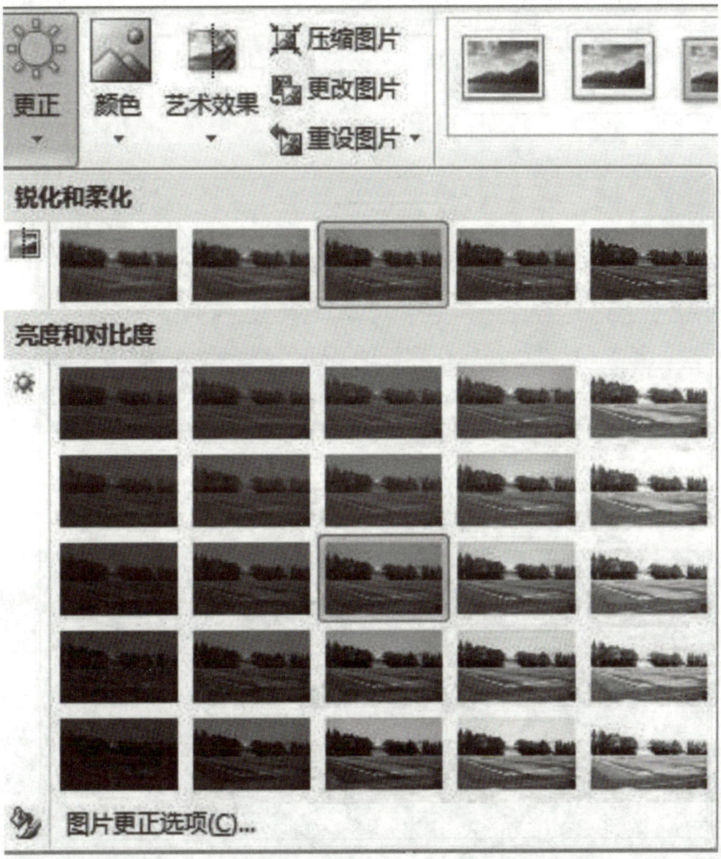

图 2-10

花费大量的时间去学习。

除 PhotoShop 这类专业的编辑软件外，还有美图秀秀，光影魔术手等国产免费软件，这类软件下载安装方便，操作简单，非常适合新手使用，这里我们选择介绍美图秀秀。

美图秀秀是 2008 年 10 月 8 日由厦门美图科技有限公司研发、推出的一款免费图片处理软件，有 iPhone 版、Android 版、PC 版、Windows Phone 版、iPad 版及网页版。使用美图秀秀的图片特效、美容、水印、拼图、场景、边框、饰品等功能，可以快速做出非常专业的效果。

1. 下载和安装

直接在百度上搜索美图秀秀，进入美图秀秀官方网站，或者直接输入网址 https://mt.meipai.com/,进入下载界面(如图 2-11 所示)。

主下载界面中有 App Store 苹果手机版本和 Android 安卓手机版本，点击【更多】，进入到更多版本下载。在弹出的选择界面中，选择下载 Windows 版本(如图 2-12 所示)。

图 2-11

图 2-12

在弹出的下载任务中，可以选择【直接打开】，在下载完毕后，会自动运行安装程序(如图 2-13 所示)。

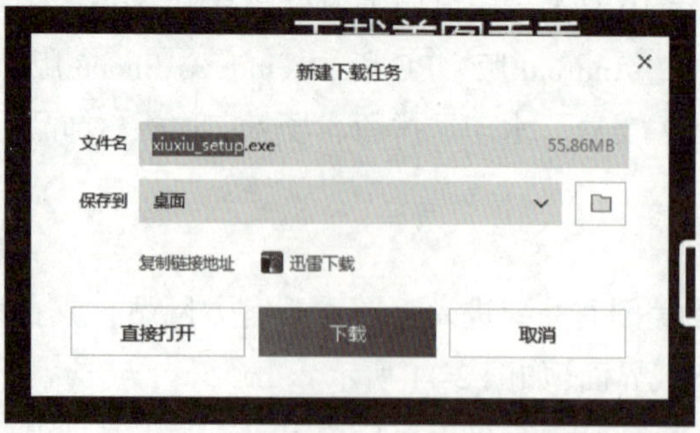

图 2-13

在安装界面，可以选择【一键安装】，直接完成安装，或者选择【自定义安装】，选择安装的位置等选项(如图 2-14 所示)。

图 2-14

等待一会后，出现安装完成界面，美图秀秀就已经安装成功(如图 2-15 所示)。

图 2-15

2. 图片旋转、调光、背景虚化、文字水印

我们利用一个案例图片，将旋转图片、图片调光、给图片添加水印等功能介绍清楚。

(1)打开美图秀秀，在主界面中单击右上角的【打开】按钮，在弹出的窗口中，找到需要导入的图片，单击【打开】(如图 2-16 所示)。或者直接将图片拖到美图秀秀主界面，也可以导入图片。

图 2-16

图片导入进去后，如果尺寸过大(现在手机拍照像素都过高)，软件会提示，图片偏大，是否将图片缩小到最佳尺寸，如不想改变大小，就单击【否】(如图 2-17 所示)。

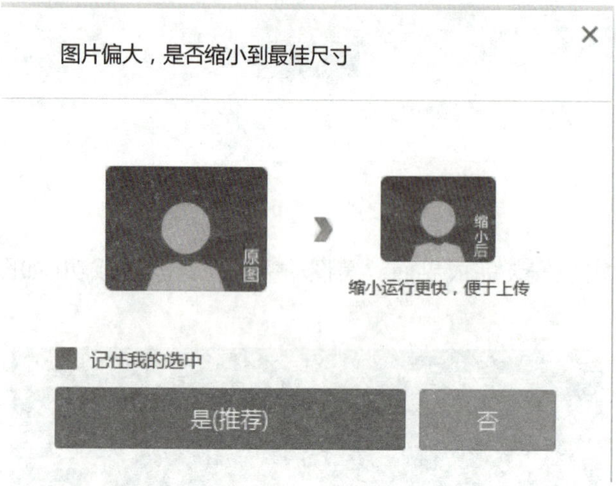

图 2-17

(2)单击左上角的【旋转】按钮，进入到旋转界面，在界面左上角，有水平翻转、垂直翻转、左旋转和右旋转 4 个图标，这里我们可以单击右旋转两次，将图片正过来(如图 2-18、2-19、2-20 所示)。旋转后，单击【应用当前效果】按钮确定。

图 2-18

图 2-19

图 2-20

（3）这张图片由于是夜晚拍摄，灯光在头顶上，显得脸部较暗，我们可以通过美图秀秀，对图片的亮度细节进行调整，在【美化图片】—【基础】下面，可以直接按住【亮度】键左右拖动，调节整个图片的亮度，但是这样调节，会让本来亮的地方更亮，整体效果不太好。这里我们单击【高级】，切换到高级调色选项再来进行调节（如图 2-21 所示）。

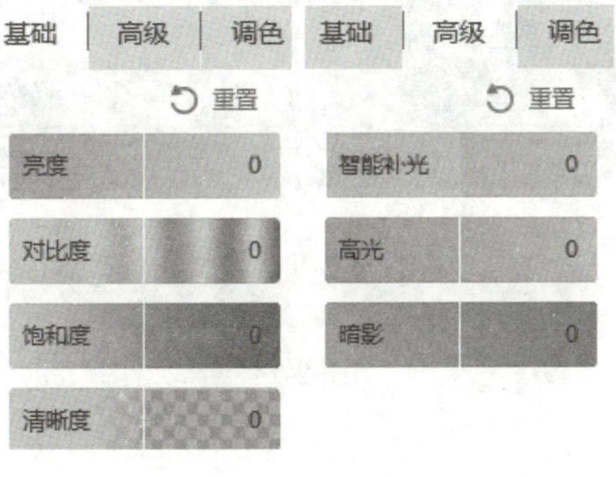

图 2-21

这里的【智能补光】，能够自动给暗的地方补更多的光，【高光】能够调节图片原本亮地方的亮度，【暗影】能够调节图片原本暗地方的亮度。本例中将【智能补光】略微增加，【高光】降低，【暗影】数值增加，图片如果亮度调节过大，会产生很多噪点，影响图片质量，所以要在亮度和噪点之间有所取舍（如图 2-22 所示）。调节完成后，可以单击右下角【对比】按钮，和原图进行比较，如需要保存对比图，就单击【保存对比图】，不需要保存则单击【取消对比】（如图 2-23 所示）。

图 2-22

图 2-23

(4)给图片添加背景虚化效果，这里我们单击左下角的【背景虚化】，进入到背景虚化界面，在该界面，直接按住鼠标左键在图片上涂抹，把清晰的部分涂抹出来(如图 2-24 所示)。

左侧可以选择涂抹画笔大小，背景虚化程度，切换到【橡皮擦】工具，可以把清晰的涂抹成模糊效果。这里人物被涂抹出来后，单击【应用当前效果】。

(5)添加文字水印效果，单击界面上【文字水印】菜单，切换到文字水印界面。在界面左侧【输入文字】下方，可以直接输入要添加的文字，输入完成后，单击【输入文字】，图片上就会出现文字。

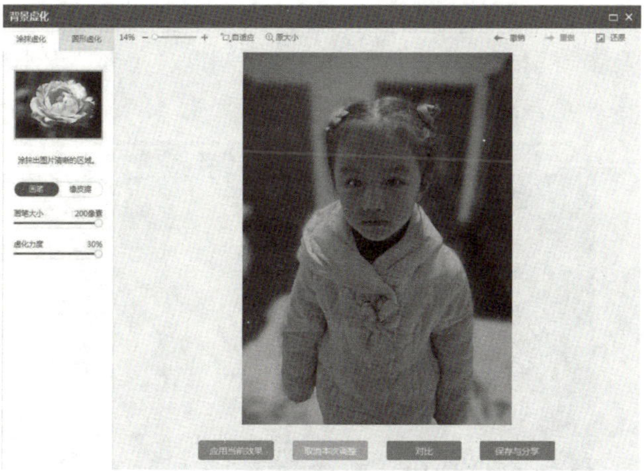

图 2-24

在左侧工具栏，可以对文字的字体、排列方式、样式、颜色、角度、阴影等进行调节，最下面有【删除文字】按钮。

在界面中按住已经添加的文字，可以移动文字的位置。

这里我们在左侧输入“漂亮小女孩”，单击【输入文字】，然后给文字添加【荧光】、【描边】、【阴影】效果，字号调整为 200，再将文字移动到画面左下角(如图 2-25 所示)。

图 2-25

在界面右侧，可以添加一些特殊的文字效果，通过网络，可以即时下载美图秀秀提供的文字模板。

这里我们单击右侧【漫画文字】，选择【(文字模板)心情】，如果可以上网，则下方会出现一些文字模板，我们单击【满满的幸福】，因为图片素材过大，所以该文字素材在画面中会显得很小，按住素材边框，通过拖动放大。

在弹出的【素材编辑框】里，可以调节素材的透明度、角度、大小(如图 2-26 所示)。

图 2-26

(6) 保存图片，单击界面右上角的【保存】，弹出来保存界面，选择好【保存路径】、【文件名与格式】、【画质调整】，再单击【保存】。要注意画质调整会对图片的大小产生很大影响，如果将画质调整为 100%，图片的大小也会增加几倍。

这里我们把保存路径选择桌面，保存文件格式选择 jpg，画质调整 90%不变，单击保存(如图 2-27 所示)。

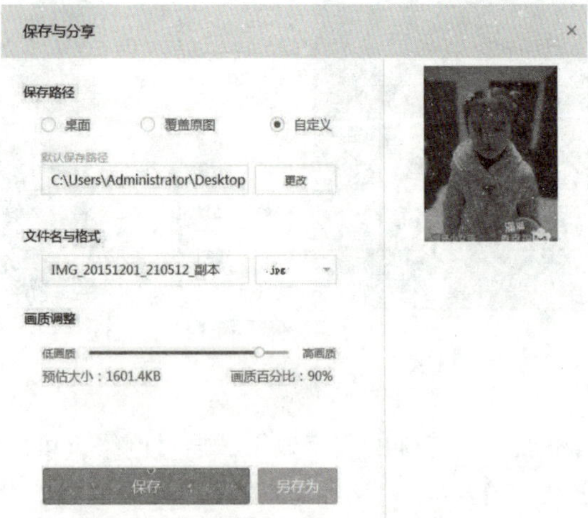

图 2-27

3. 制作教师资格证登记照

在申报教师资格证的网站，需要将自己的登记照上传，很多情况下照片都不符合网站要求，网站要求照片格式为 jpg/jpeg，不大于 200K，照片中显示考生头部和肩的上部；黑白或彩色均可，白色背景为佳。下面针对该要求，来学习一下修改方法。

(1)先抠图，首先导入图片素材，单击【抠图】(如图 2-28 所示)，左侧有三种抠图方式的选择，分别是【自动抠图】、【手动抠图】、【形状抠图】，这里我们单击【自动抠图】，进入到自动抠图界面(如图 2-29 所示)。

图 2-28

图 2-29

在自动抠图界面有【抠图笔】和【删除笔】两种选择，先选择抠图笔，用鼠标在需要保留的区域画线，再用删除笔把不需要的区域划除，反复操作，直到完成所需效果，单击【完成抠图】(如图 2-30 所示)。

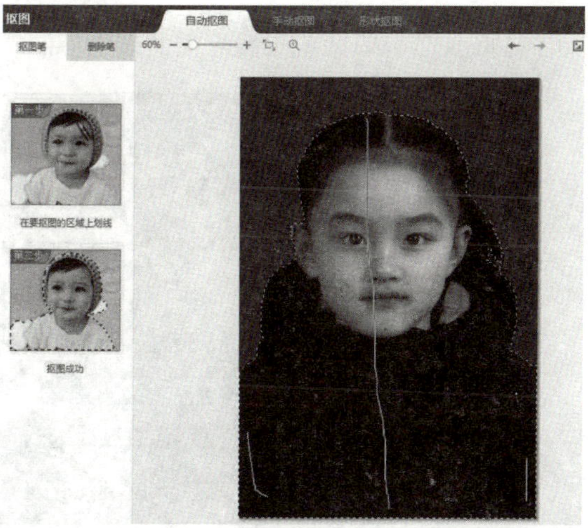

图 2-30

(2)抠图完成后，再替换图片背景。在弹出来的【杂志背景】界面，先用鼠标将图片拖动并放大，调整到画布的合适位置。用左上角【背景格式】里的【纯色背景】，单击白色，使图片背景变为白色(如图 2-31 所示)，再单击【完成】。

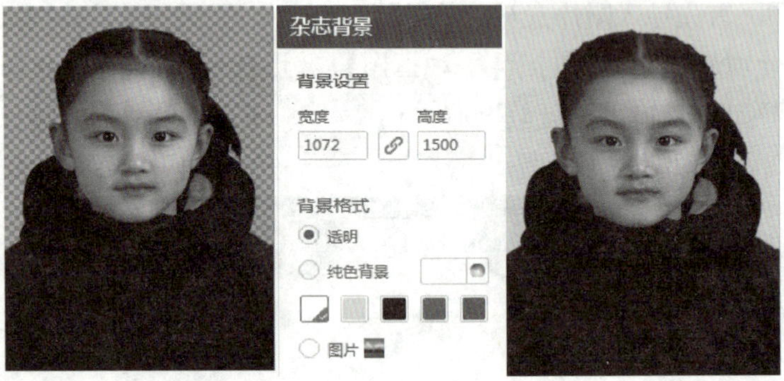

图 2-31

(3)调整登记照的比例大小，单击【裁剪】，进入到裁剪窗口，然后单击左侧【常用尺寸】，选择【教师资格证考试】，这里的选项为教师资格证的常用高宽比例，并不是照片大小(如图 2-32 所示)。比例确定好后，再用鼠标拖动中间的白色框，将需要的部分全部框住(如图 2-33 所示)，单击【应用当前效果】，完成编辑。

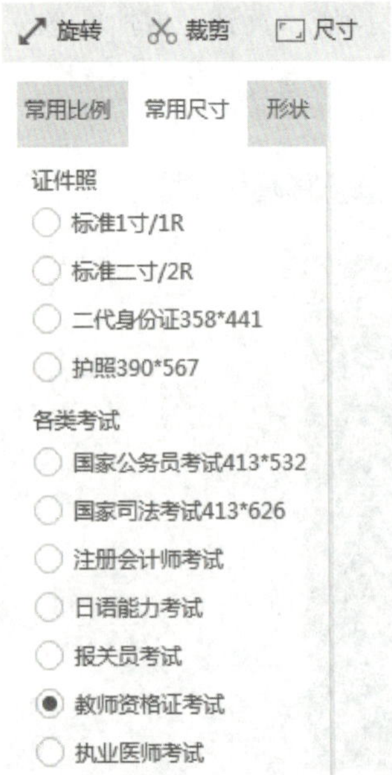

图 2-32

图 2-33

（4）保存图片，单击界面右上角的【保存】，【保存路径】改为桌面，【文件名】改为“登记照”，【格式】改为 jpg，【画质调整】尽量调高，只要【预估大小】不超过 200K 即可，再单击【保存】（如图 2-34 所示）。

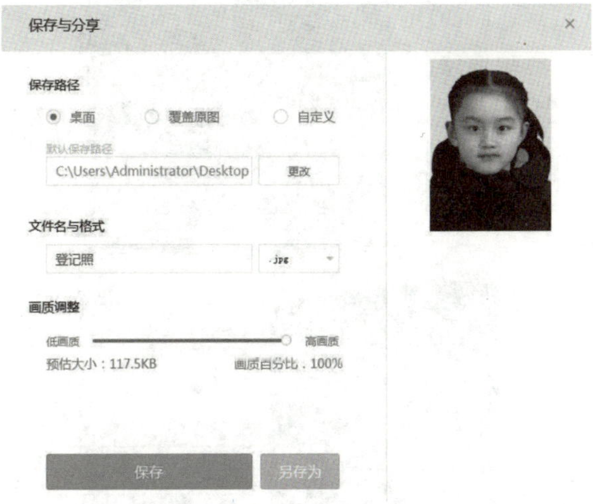

图 2-34

4. 拼图

拼图是我们经常需要做的事情，几张图片组合排列，形成好看的拼图效果。美图秀秀的拼图功能非常强大，只要能上网，各种拼图模版能够很好地满足我们的需求。

（1）单击【拼图】，左侧有【自由拼图】、【模版拼图】、【海报拼图】、【图片拼接】等选项，这里我们先单击中间的【打开图片】，打开一张素材图片，然后单击【海报拼图】，进入到拼图界面（如图 2-35 所示）。

（2）单击左上角【添加多张图片】（如图 2-36 所示），把其余需要拼接的图片全部导入进来，然后在右侧选择一种喜欢的海报模板，中间会自动形成海报拼图效果。

图 2-35

图 2-36

如果发现哪张小图片显示的位置不对，可以直接用鼠标左键进行拖动，调节好图片的位置，同时弹出的【图片设置】窗口，可以调节图片的大小和角度(如图 2-37 所示)。

图 2-37

(3)调整完成后，单击【确定】后，单击【保存】，或者直接单击【保存与分享】。

美图秀秀还有很多强大的功能这里没有详细介绍，比如【人像美容】、【贴纸饰品】、【边框】、【九宫切图】、【场景】、【闪图】等功能，人性化的操作界面相信大家可以快速掌握。

2.2 视频编辑工具

视频编辑软件种类很多，专业的如 Adobe Premiere，Sony Vegas，Edius 等，简单的如爱剪辑、快剪辑、喵影工厂等。专业软件价格昂贵，上手较难，不适合新手学习使用，这里我们以爱剪辑为例学习视频编辑。

《爱剪辑》是易用、强大的视频剪辑软件，也是较为流行的免费视频剪辑软件。由爱剪辑团队凭借 10 余年的多媒体研发实力，历经 6 年以上创作而成。

2.2.1 爱剪辑的下载和安装

1. 下载

直接百度搜索“爱剪辑”，进入到爱剪辑的官方网站，或者直接输入网址 http://www.aijianji.com/,进入下载界面(如图 2-38 所示)。

图 2-38

单击【立即下载】按钮，即可下载爱剪辑的最新版本。

2. 安装

等到下载完成后，双击安装包 MESetup3. 0. exe，运行 3. 0 版本安装程序。

单击【下一步】(如图 2-39 所示)，再按照操作提示，完成爱剪辑的安装。

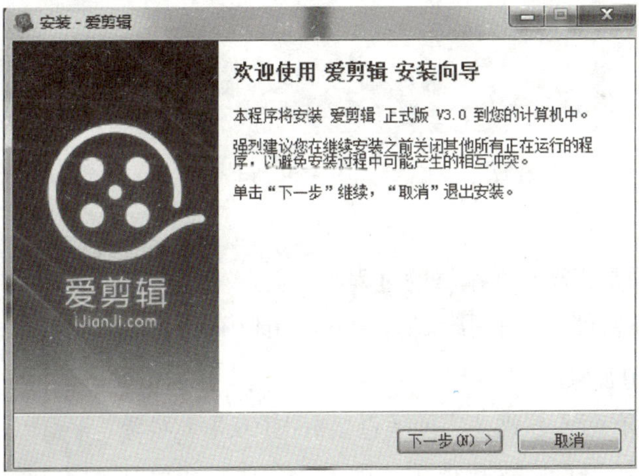

图 2-39

2. 2. 2　爱剪辑的使用方法

1. 新建项目

双击爱剪辑的桌面图标打开软件，弹出【新建】窗口，这里是对视频片头，视频大小和临时目录进行设置的地方。

(1)由于爱剪辑是免费软件，会自动给视频最前面添加片头，输入的片名和制作者，也会出现在最后渲染的视频开头。

这里我们在【片名】后面输入“动物世界”，【制作者】后面输入自己的名字。

(2)视频大小是视频关键属性之一，我们也可以叫做分辨率，由于视频的发展非常迅速，更新换代很快，所以这里的选项也很多，例如 1280＊720，就是指视频横向有 1280 个像素，纵向有 720 个像素，也就是俗称的 720P；1920＊1080，就是俗称的 1080P。这两个分辨率也是现在主流的高清分辨率，画面比例都是 16：9 宽屏。

当然还有一种比例是 4：3 普通屏，由于现在的手机、电视、电脑显示器的比例大部分是 16：9，4：3 的比例已逐步被淘汰，所以这里我们只介绍 16：9 宽屏的画面比例。

这里我们选择 1920＊1080(1080P)(如图 2-40 所示)。

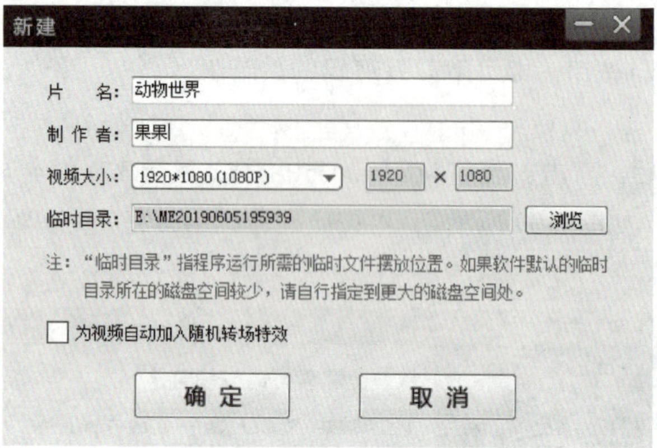

图 2-40

(3) 临时目录是指视频在编辑的过程中，会产生一些临时文件所需要存放的位置，这里我们就使用默认位置，不用修改。直接单击【确定】，进入主界面。

2. 添加、裁剪视频

(1)添加视频有两种方式，一种是直接双击【双击此处添加视频】，在弹出的窗口中寻找视频，选中一个或者多个视频，单击【打开】，即可导入视频(如图 2-41 所示)。

另一种方式是单击【添加视频】按钮，再选中视频后【打开】。

这里我们选中 6 个视频素材，全部添加进去(如图 2-42 所示)。如果需要改变视频顺序，可以直接用鼠标拖动调整位置。

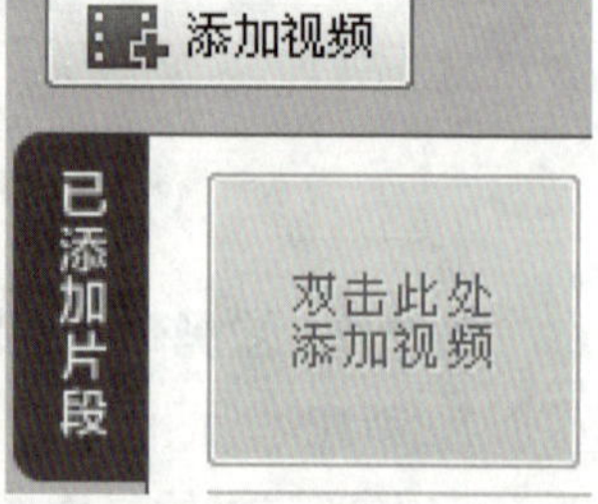

图 2-41

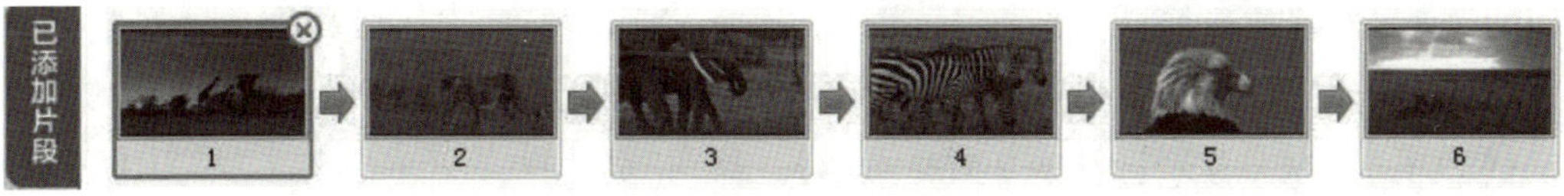

图 2-42

(2)裁剪视频，我们经常只需要素材的一部分时间，这个时候就需要对素材进行裁剪，在界面中间【裁剪原片】区域，可以直接设置【开始时间】、【结束时间】、【截取时长】(如图 2-43 所示)。

这里我们选中素材 1，单击【预览/截取原片】，在弹出来的界面里，将【结束时间】设置为 10 秒，单击【确定】(如图 2-44 所示)。

图 2-43

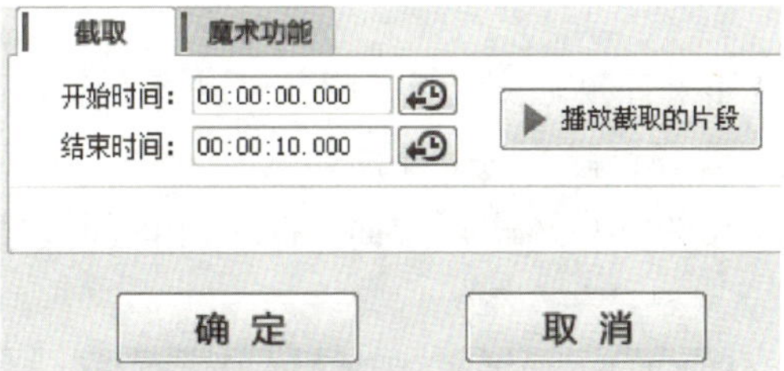

图 2-44

用同样的方法分别选中素材 2，3，4，5，6，将【结束时间】都修改为 13 秒，视频的总时长为 1 分 15 秒。在左上角的界面里，也可以清楚地看到【在最终影片中的时间】和【截取时长】(如图 2-45 所示)。

图 2-45

3. 添加、裁剪音频

(1)单击左上角【音频】按钮，切换到音频编辑界面(如图 2-46 所示)。

(2)单击【添加音频】—【添加背景音乐】，找到“动物世界 . mp3”文件，单击【确定】(如图 2-47 所示)。

图 2-46

图 2-47

(3)如果音频时长大于视频，可以将多余的音频裁剪，因为最后视频的时长为 1 分钟，所以音频也修改为 1 分钟。

在弹出的【预览/截取】界面，将【结束时间】改为 1 分钟，单击【确定】(如图 2-48 所示)。

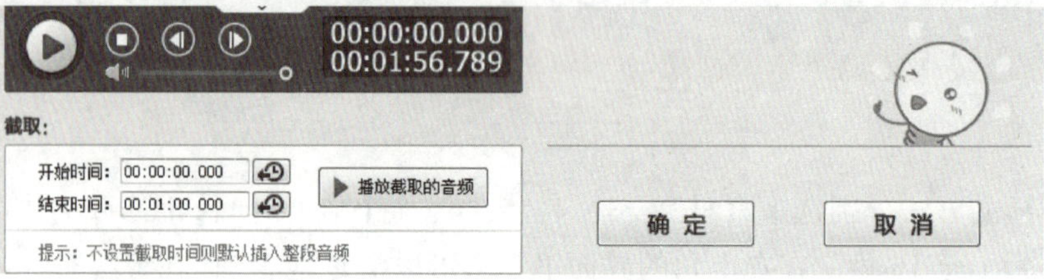

图 2-48

如果需要再次裁剪音频，可在界面中间单击【预览/裁剪】，进行修改。

(4)在【音频音量】这里，可以调整音量大小和淡入淡出效果，这里我们把【头尾声音淡入淡出】打勾，单击【确认修改】(如图 2-49 所示)。

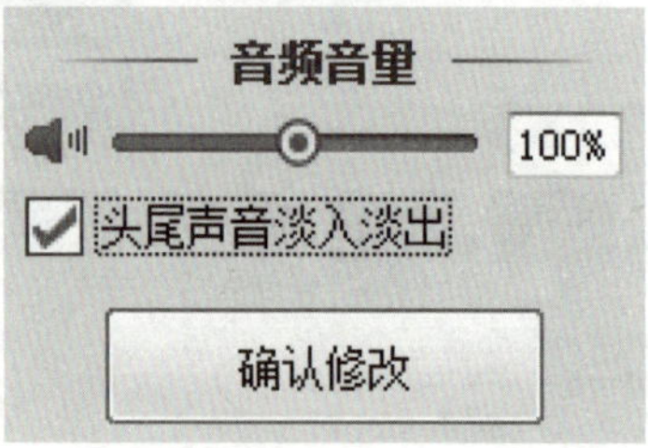

图 2-49

4. 添加字幕特效

(1)单击左上角【字幕特效】按钮，切换到音频编辑界面(如图 2-50 所示)。

图 2-50

(2)在界面右上角视频预览窗口，可以拖动时间点，确定需要添加字幕的时间。

这里我们把时间点拖到视频最开始 0 秒处，然后在视频预览窗口里双击鼠标左键，弹出【输入文字】窗口，输入“动物世界”四个字，单击【确认】(如图 2-51 所示)。

图 2-51

【输入文字】窗口也给字幕添加音效。

(3)在字幕处于被选中的编辑状态下，就可以对该字幕进行其他属性调整，在视频预览窗口单击字幕即可选中(如图 2-52 所示)。

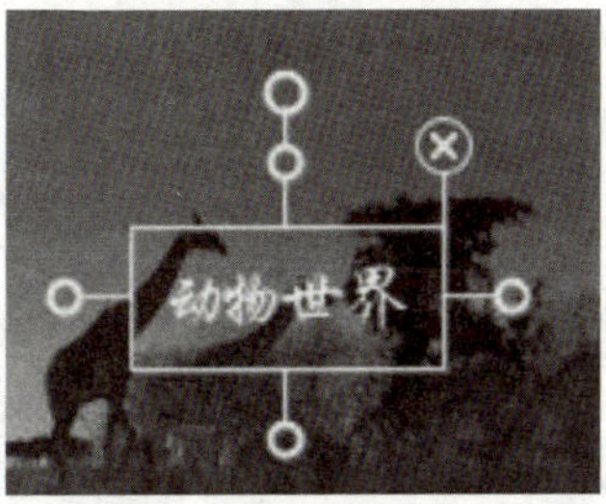

图 2-52

在【字体设置】窗口里，可以对字幕的字体、大小、颜色、位置等属性进行调整。

这里我们将字体设置为“华文行楷”，字体大小设置里，鼠标拖动只能最大 120，需要更大的字号就直接输入，这里直接输入 200，按回车键确认。

将颜色选择为“渐变”颜色其中一种，增加“阴影”数值，不用修改颜色，增加“描边”数值，并修改一种颜色(如图 2-53 所示)。

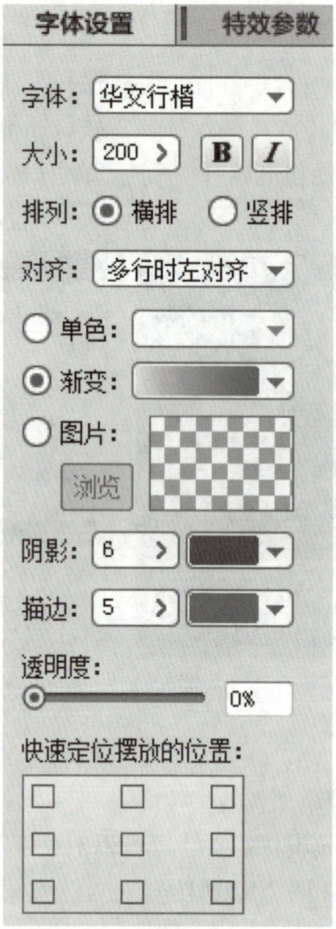

图 2-53

在“快速定位摆放的位置”里，单击中间的小方块，将字幕水平垂直全部居中。

本例中字幕基本设置完成(如图 2-54 所示)。

在视频预览窗口的字幕方框里，鼠标按住中间，可以拖动调整字幕在画面中的位置；按住四个白色小圈可以调整字幕的倾斜角度，按住上面的大圆圈，可以调整字幕旋转角度，单击带×的白圈，可以删除字幕。

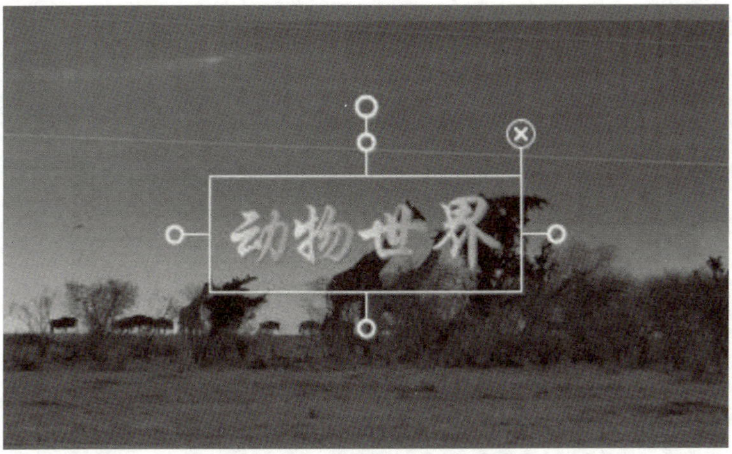

图 2-54

(4)给字幕添加【出现特效】、【停留特效】、【消失特效】。爱剪辑提供的字幕特效非常多，直接用鼠标单击特效名称，可以预览特效；在该特效前面“打勾”，即可选中特效。

这里我们把【出现特效】选择好莱坞顶级特效类“缤纷秋叶”；【停留特效】选择“红射光”；【消失特效】选择“砂砾飞舞”(如图 2-55 所示)。

图 2-55

(5)设置字幕持续时间，单击字体设置旁边的【特效参数】，可以调整字幕【出现】、【停留】、【消失】的时长。

因为我们选择的出现和消失特效时长已固定，无法修改，这里只将停留特效时长改为 5 秒(如图 2-56 所示)。

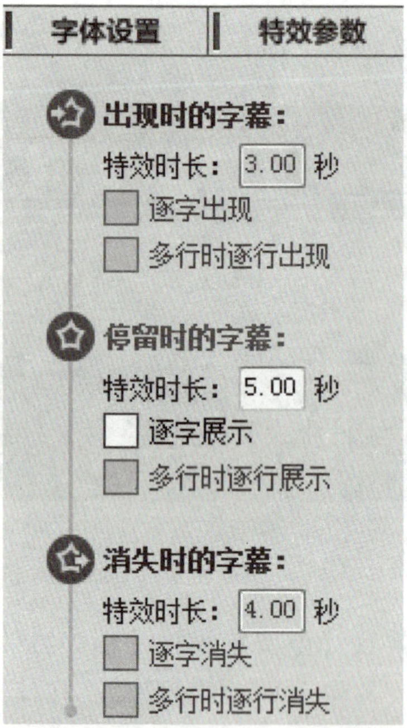

图 2-56

(6)在右下角的"所有字幕特效"窗口，可以看到已经添加好的字幕时间，如果添加了多个字幕，可以直接选择该字幕自动定位，这里我们添加好的"动物世界"字幕，从 0 秒开始，12 秒结束(如图 2-57 所示)。

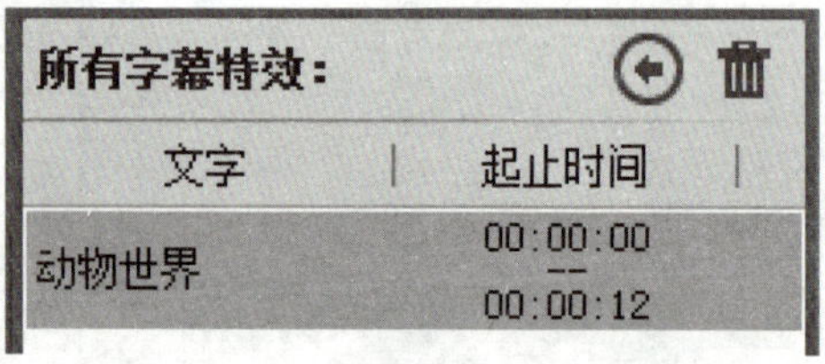

图 2-57

在该窗口单击"垃圾箱"图标可以删除字幕。

如果我们要调整字幕的开始时间，可以通过 Ctrl+X 键将字幕剪切，在视频预览框的时间进度条上，选择新的时间点，通过 Ctrl+V 功能，将字幕粘贴到新的时间点即可。

将字幕所有设置完成后，可以单击【播放试试】按钮，观看完成的效果。

5. 叠加素材

在【叠素材加】窗口，【加贴图】可以在视频画面中添加图片，【加相框】可以给视频添加边框，【去水印】可以把视频某些需要遮挡的部分加上模糊效果。本例中我们只加相框。

(1)单击【叠加素材】—【加相框】，选中要加的相框，单击【添加相框效果】—【为当面片段添加相框】，即可为视频片段 1 添加相框。

这里我们自己选择一个相框，添加到视频片段 1，并在【相框设置】里，把【淡入淡出】前面的勾取消，单击【确认修改】(如图 2-58 所示)。

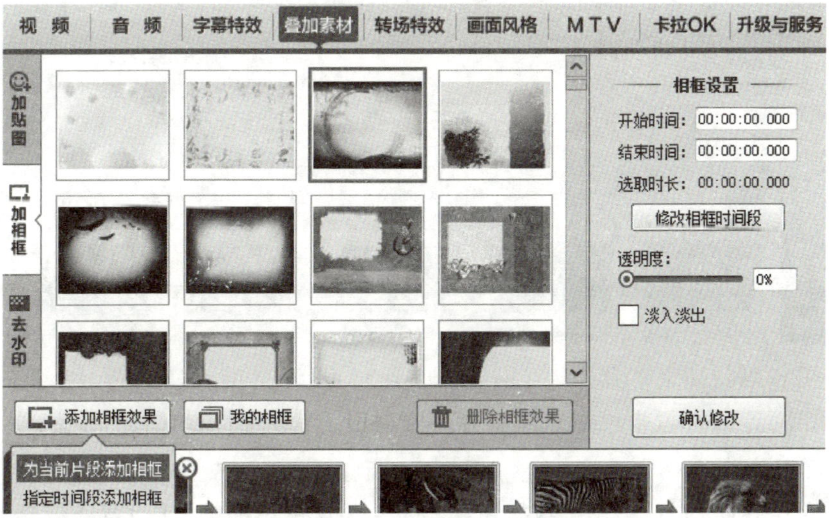

图 2-58

(2)用同样的方法，把其余五个视频片段都加上相框，单击播放按钮观看效果。

6. 添加转场特效

视频片段与视频片段之间的过渡效果就是转场特效，爱剪辑提供了很多的转场效果。

(1)单击【转场特效】切换到转场设置界面，左侧可以选择转场的种类，中间【转场设置】可以设置转场的持续时间。第一个视频片段前面没有其他视频，不能添加转场。

淡入淡出效果是视频转场最常用的效果，爱剪辑提供了三种淡入淡出转场。

这里选中视频片段 2，再选择【透明式淡入淡出】—【应用/修改】，即可添加该转场效果，并且会自动预览该效果。到【转场设置】里，将【转场特效时长】改为 3 秒，【应用/修改】(如图 2-59 所示)。

(2)分别给视频片段 3 和视频片段 4 添加【变亮式淡入淡出】、【变暗式淡入淡出】，这也是我们通常在电影里看到的“闪白”、“闪黑”效果。

(3)给视频片段 5 和视频片段 6 添加其他转场特效。

转场会让前后视频重叠 3 秒，视频总时长会减少，这里 5 个转场减少 15 秒，视频

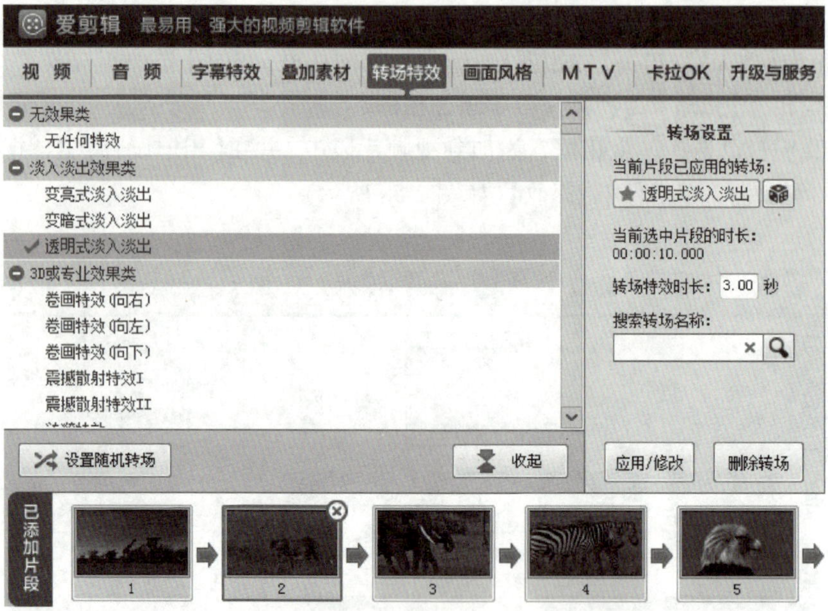

图 2-59

总时长正好 1 分钟。

转场特效添加完成，单击播放按钮观看效果。这里还提供了【设置随机转场】按钮，可以直接随机给所有视频片段添加转场效果，【删除转场】按钮可以删除该转场。

7. 添加画面风格

画面风格界面分为【画面】、【美化】、【滤镜】、【动景】四大类。

选中视频片段，再选择需要的画面风格，单击【添加风格效果】—【为当前片段添加风格】即可，点【删除当前风格】即可删除已添加的风格。

【画面】栏目里的【位置调整】是对画面的大小和位置进行变化调整，【画面调整】可以对画面的常见属性进行调整，比如“亮度对比度”、“颜色平衡”、“模糊”等。

【美化】栏目主要是对画面的色调进行调整。

【滤镜】栏目是对画面添加特殊的艺术效果，让画面更加特别、绚丽。

【动景】栏目是对画面添加动态特效，如游动的鱼、飘动的蒲公英等。

由于这些效果各自不同，所以在【特效设置】里，每种效果都有自己专有的设置，这也是画面风格里最为复杂的地方，本例中因为已经给画面添加了很多特效，所以这里我们就只用【动景】效果。

单击【画面风格】—【动景】，选中视频片段 1，选择【天使飞羽】—【添加风格效果】—【为当前片段添加风格】(如图 2-60 所示)。用同样的方法，给另外五个视频片段添加其他动景效果。

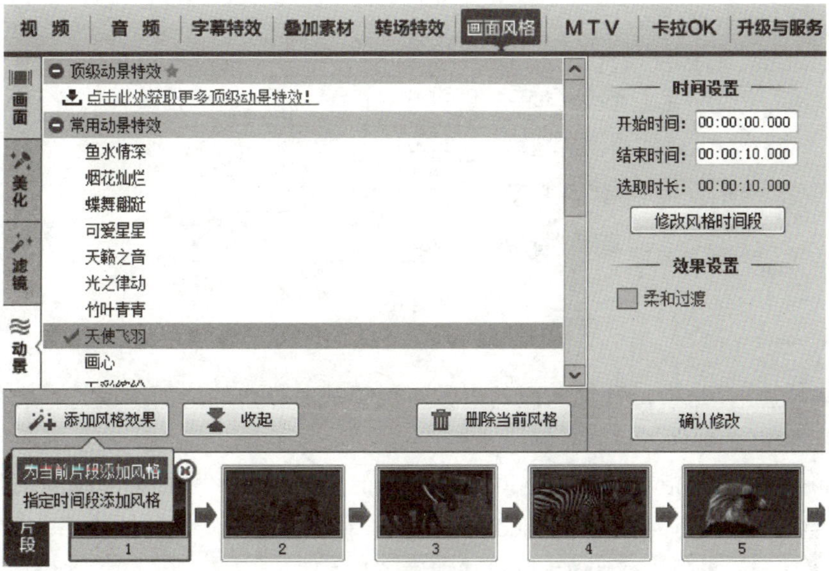

图 2-60

8. 保存与导出

在视频制作完成后，我们需要导出视频，完成我们的视频制作。同时保存好项目文件，以后还有需要修改的地方，可以直接打开项目文件再对项目进行调整。

(1)单击画面右侧中的【保存所有设置按钮】，即可保存该项目(如图 2-61 所示)。

(2)单击【导出视频】(如图 2-62 所示)，在“导出设置”对话框里，“片名”和“制作者”前面已经设置，“片头特效”为“好莱坞风潮”。

图 2-61

图 2-62

在【参数设置】里，由于我们开始设置的项目为 1920 * 1080，所用的视频素材也是 1920 * 1080，所以导出视频也可以选择该尺寸(如图 2-63 所示)。

“视频比特率”也成为视频码率，比特率越高则画面越清晰，相应的视频体积也更大。画面尺寸越大，所需要的比特率也越大，比如 1280 * 720 的尺寸，一般需要 5000—8000 的比特率，1920 * 1080 的尺寸，一般需要 8000—10000 的比特率。当然这只是一个建议值，根据实际情况我们可以导出不同比特率的视频，来观察清晰度和视频大小有什么区别。

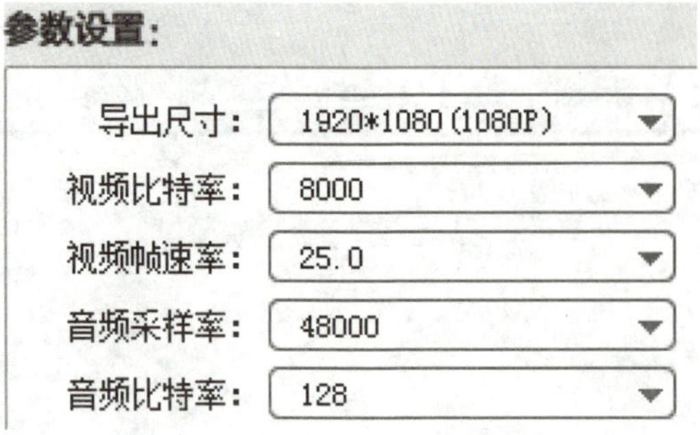

图 2-63

“视频帧速率”是指每秒钟画面的个数，视频是由静止的画面组成，一般视频每秒钟有 25 或者 30 个画面，也就是帧。

“音频采样率”是指在一秒钟内对声音信号的采样次数，采样频率越高声音的还原就越真实越自然。这里 44100 和 48000 两种采样率都是很高质量的采样率，44100Hz 是理论上的 CD 音质界限，48000Hz 则更加精确一些。

“音频比特率”跟视频比特率类似，比特率越高则音频还原度越高，网络流行的比特率一般为 128k。

这里我们将视频比特率调整为 8000，其余的不变，将“导出路径”选好，单击【导出】，等待导出完成后出现【导出成功】(如图 2-64 所示)，然后找到导出的视频，观看效果。

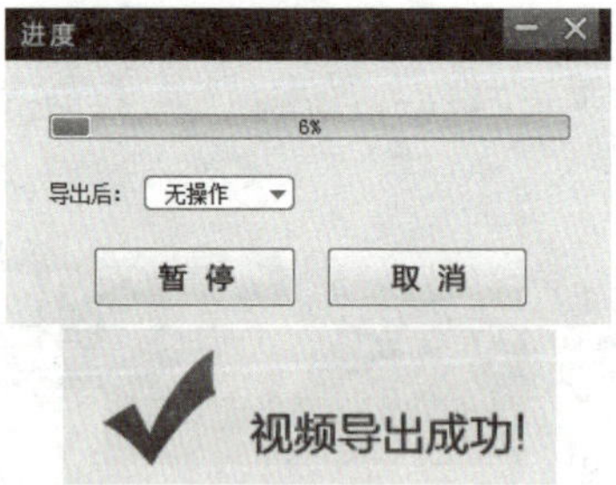

图 2-64

爱剪辑还有很多强大的功能这里没有详细介绍，如制作卡拉 ok 字幕、制作 MTV、去水印等，相信大家做完上面的练习，会很快掌握其他功能的使用方法。

2.3 录音及音频编辑工具

Adobe Audition 是一个专业音频编辑和混合环境，原名为 Cool Edit Pro. 被 Adobe 公

司收购后，改名为 Adobe Audition，简称 AU。Audition 专为在录音室、广播设备和后期制作设备方面工作的音频和视频专业人员设计，可提供先进的音频混合、编辑、控制和效果处理功能。

Audition 有很多版本，目前发布的最新版本是 Adobe Audition CC 2019。

2.3.1 用 Audition 制作音乐串烧

直接百度搜索“audition”，进入到 Adobe 公司的官方网站，或者直接输入网址 https://www.adobe.com/cn/products/audition.html，进行购买安装。

本教材选用 Adobe Audition CC 2018 版本进行学习。因为是一款专业的音频编辑软件，所以打开 Audition 后可以看到界面比较复杂，我们所使用的功能只是其中一部分，而且操作较为简单。

1. Audition 界面的调整

由于 Audition 软件界面比较灵活，鼠标拖动很容易改变界面各个部分的位置，所以要学会如何还原默认界面。

(1)打开 Audition，单击【窗口】—【工作区】，可以看到这里有很多工作界面选择，目前是【默认】，如果需要切换到其他工作区，可以直接单击(如图 2-65 所示)。

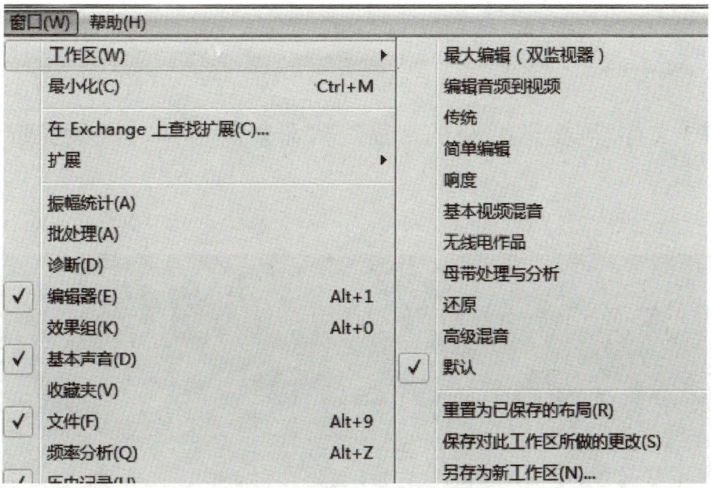

图 2-65

(2)如果【默认】界面不小心被更改，可以单击【重置为已保存的布局】，恢复界面。

2. 导入音频

(1)导入音频文件有两种方法。

方法一：直接在左上角“文件”面板的空白处，双击鼠标左键(如图 2-66 所示)，弹出“打开文件”对话框，找到需要导入的文件，单击【打开】。

图 2-66

方法二：在菜单栏里单击【文件】—【导入】—【文件】(如图 2-67 所示)，找到音频文件，单击【打开】。

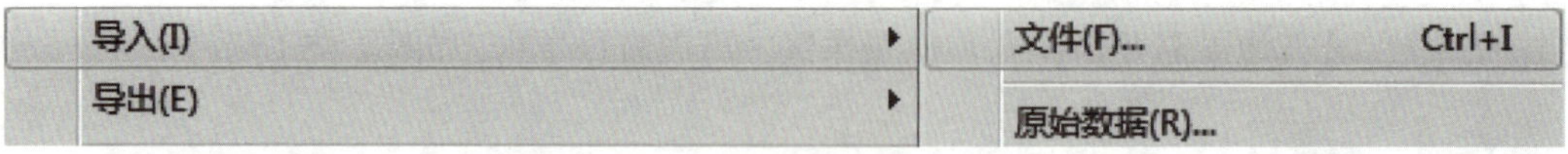

图 2-67

将三个 MP3 文件“陈奕迅-稳稳的幸福”、“邓紫棋-泡沫”、“梁静茹-勇气”导入到 Audition 里。

图 2-68

(2) 默认情况下，操作界面是“波形”模式，也就是单轨编辑模式(如图 2-69 所示)，这个模式下，是对一个音频进行编辑，如果要进行多音频混音，则需要切换到“多轨”模式。

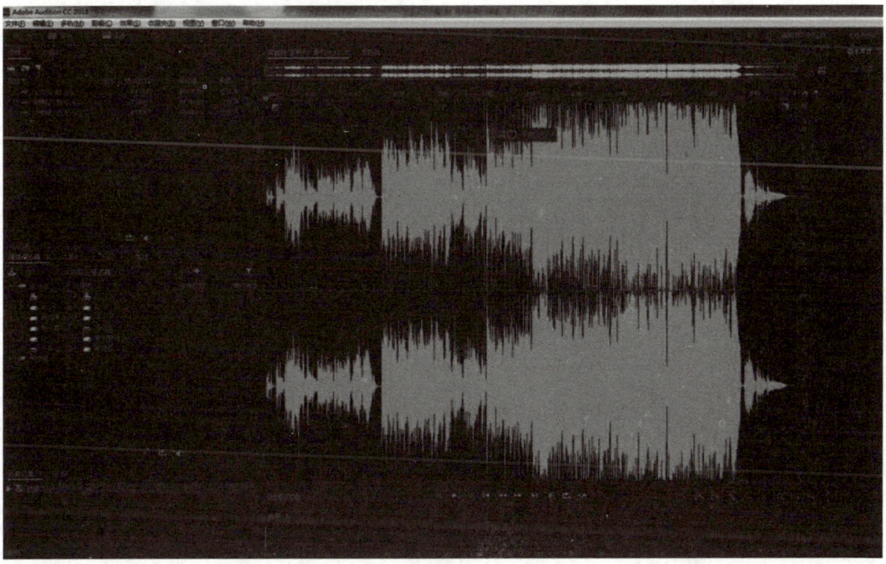

图 2-69

这里我们单击左上角【多轨】(如图 2-70 所示)，在【新建多轨回话】里，把“会话名称”改为“音乐串烧”，其余选项可以不改，单击【确定】(如图 2-71 所示)，进入多轨编辑模式(如图 2-72 所示)。

图 2-70

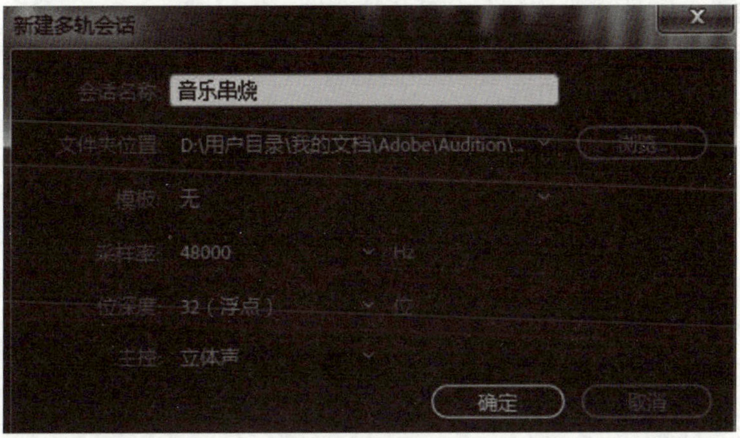

图 2-71

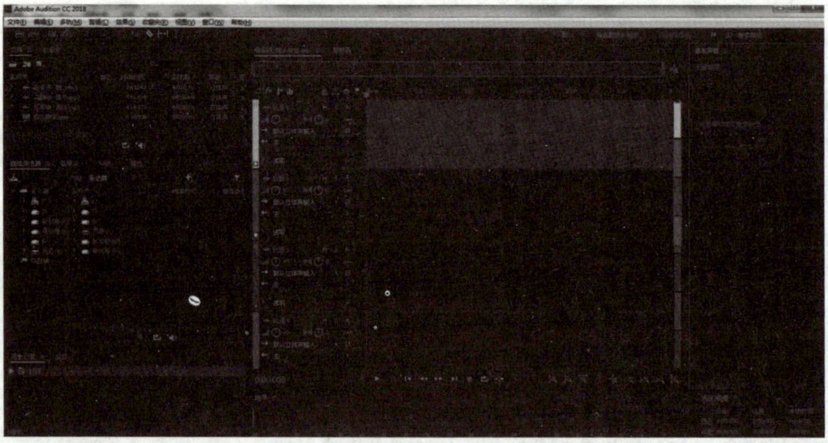

图 2-72

3. 裁剪音频

(1)将文件对话框里，按住鼠标左键把“稳稳的幸福”文件直接拖到【轨道 1】里(如图 2-73 所示)。

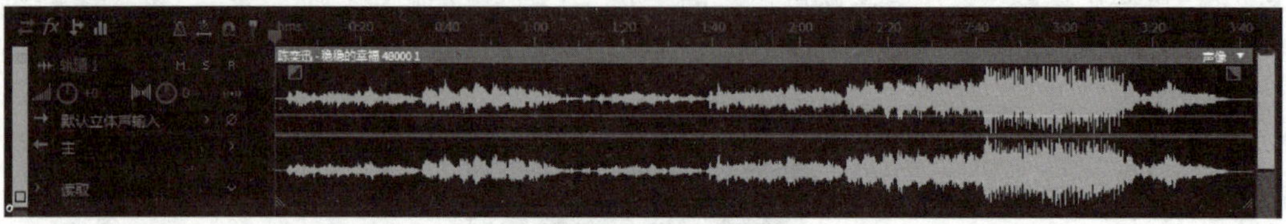

图 2-73

(2)在左上角【工具】栏，选择【切断所选剪辑工具】(如图 2-74 所示)，将鼠标移到轨道 1，鼠标会变成“刀片”的样子，在需要切断的位置单击鼠标即可将音频切断。

图 2-74

如果需要精确切断，则需要把红色的“播放线”拖动到需要切断的位置，或者直接输入时间，再进行“切断”操作。

这里我们直接在界面左下角显示当前播放时间的地方，将时间改为 2:42(如图 2-75 所示)，敲回车确定。再用刀片工具在播放线处切断(如图 2-76 所示)；将时间改为

3:14，回车确定，再用刀片工具切断（如图 2-77 所示）。

图 2-75

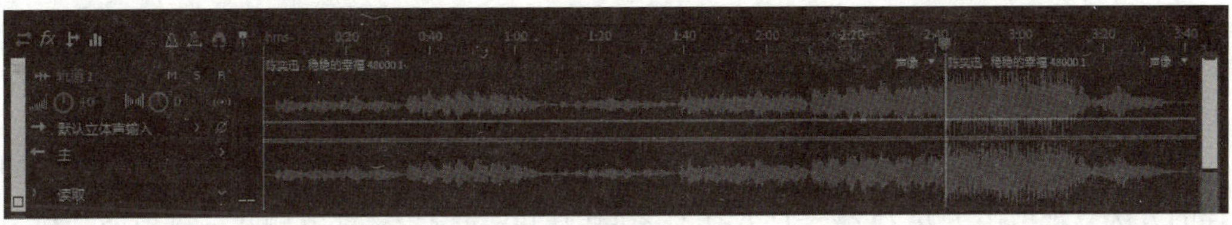

图 2-76

图 2-77

（3）将不需要的部分删除，在【工具】栏选择【移动工具】（如图 2-78 所示），鼠标单击选择音频前面部分，按键盘上【Delete】删除音频，再选择后面部分，按【Delete】删除（如图 2-79 所示）。

图 2-78

图 2-79

（4）按住鼠标左键，把裁剪出来的音频拖动到轨道 1 最前面（如图 2-80 所示）。

图 2-80

(5)第一个音乐裁剪完成后，第二个音乐可以放在轨道 2 里裁剪，再拖动到轨道 1 上去。

这里我们在文件对话框里，按住鼠标左键把“泡沫”文件直接拖到【轨道 2】里。用同样的方法，裁剪出 1 分 25 秒—1 分 51 秒之间的内容，将多余部分删除，再拖动到轨道 1 裁剪音频后面(如图 2-81 所示)。

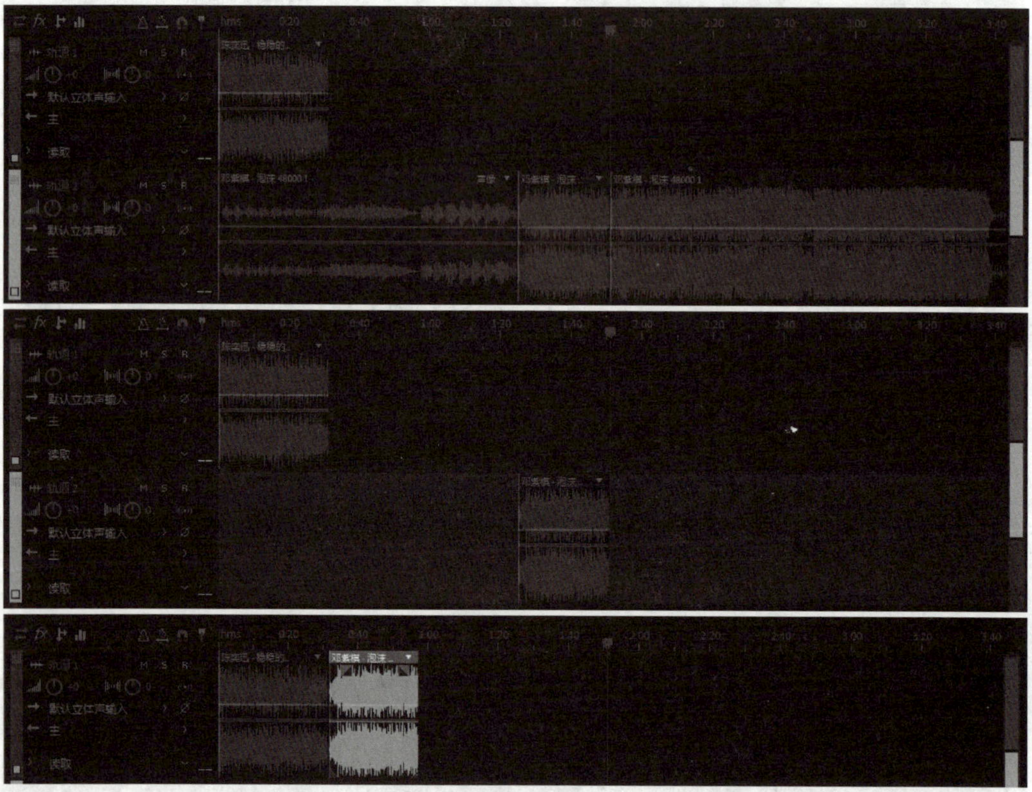

图 2-81

(6)用同样的方法，裁剪“勇气”2 分 25 秒—3 分 13 秒之间的内容，放到轨道 1 后面(如图 2-82 所示)。

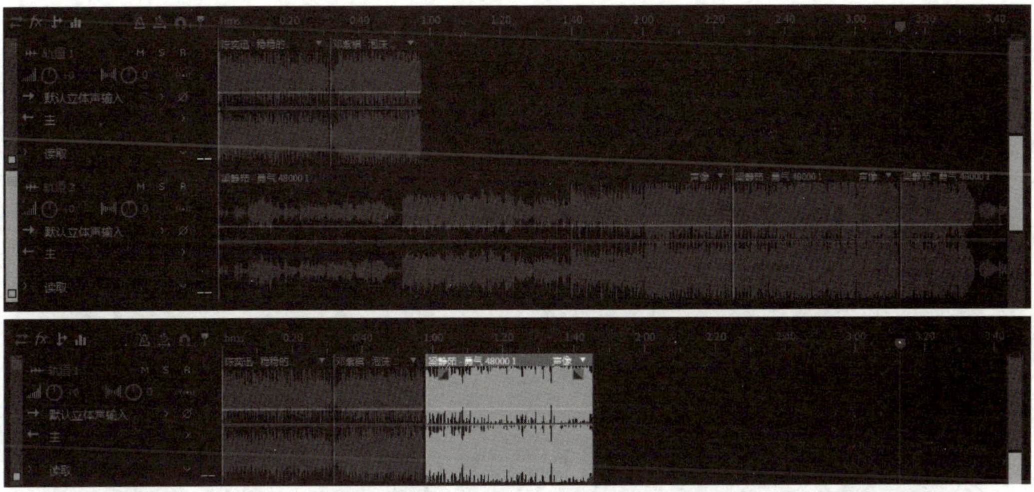

图 2-82

4. 添加淡入淡出效果

(1) 几个不同音乐片段之间如果直接播放，切换会很突然，不连贯。加淡入淡出效果，让前一个音乐音量慢慢变小的同时，后一个音乐音量慢慢变大，过渡自然。

这里我们直接按住鼠标，将后一个音乐往前拖动，和前面的音乐重合一部分，重合的时间就是淡入淡出时间(如图 2-83 所示)。

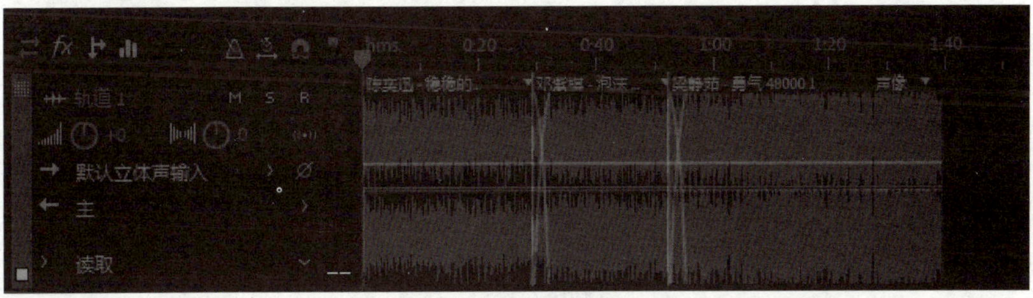

图 2-83

可以看到黄色的线条就是音量线，前一个音乐和后一个音乐的音量形成交叉效果。

(2) 音乐的开始和结束，也可以加上淡入淡出效果。

先选择第一个音乐，上方会出现两个灰色方块，就是淡入和淡出方块，这里直接把淡入方块往右拖动，形成淡入效果，黄色线条就是音量线。

再选择第三个音乐，按住“淡出”方块，往左拖动，形成淡出效果(如图 2-84 所示)。

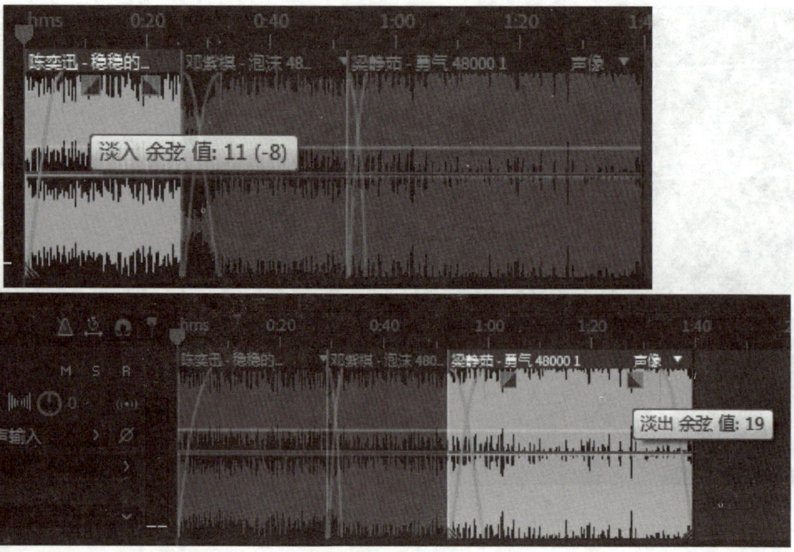

图 2-84

调整完成后，播放检查一下制作的效果。

5. 调节音量

几个音乐之间如果音量差异很大，也会影响整体效果，制作音频时应该注意控制音量平衡。

这里我们先选择一个音频，按住黄色的音量线，上下拖动调节音量，使整首音乐音量一致(如图 2-85 所示)。

图 2-85

注意音量不要过大，以免导致爆音。

6. 导出 MP3 文件

(1)菜单栏选择【文件】—【导出】—【多轨混音】—【整个会话】，打开保存对话框。

(2)单击【浏览】，将【文件名】改为“音乐串烧”，保存的【位置】选择桌面，【格式】

选择“mp3”，其余不变，单击【确定】(如图 2-86 所示)。

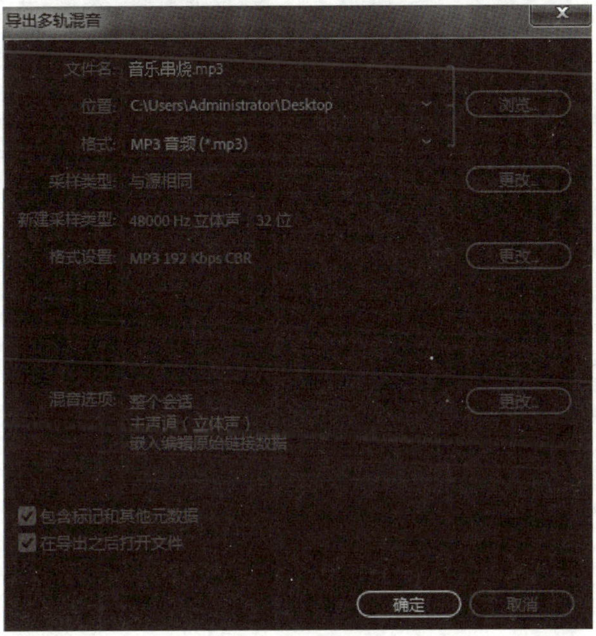

图 2-86

关于音频采样率和比特率前文已提过，这里就不再说明，直接默认即可。

在桌面上找到“音乐串烧”的 MP3 文件，播放欣赏效果。

实训 2. 3. 1　用 Audition 制作音乐串烧

1. 将三个 mp3 文件“稳稳的幸福”、“泡沫”、“勇气”导入到 Audition 里。

2. 在“多规模式”下，截取“稳稳的幸福”2 分 42 秒—3 分 14 秒，“泡沫”1 分 25 秒—1 分 51 秒，“勇气”2 分 25 秒—3 分 13 秒，并将这三个片段依次放在轨道 1 里。

3. 将这三个片段接口处重叠几秒，形成淡出淡入效果。拖动第一个音频开头淡入按钮，加一个音量淡入，最后一个音频加一个音量淡出。

4. 调整音量大小。

5. 导出文件名为“音乐串烧”的 mp3 文件，保存到桌面。

2. 3. 2　用 Audition 制作变调和变速效果

1. 打开伸缩与变调

(1)导入音乐文件，此时是【波形】编辑模式，就是单轨模式。

(2)在菜单栏选择【效果】—【时间与变调】—【伸缩与变调】(如图 2-87 所示)，打开【伸缩与变调】对话框。

该效果只能在【波形】模式下打开，【多轨模式】下无法选择。

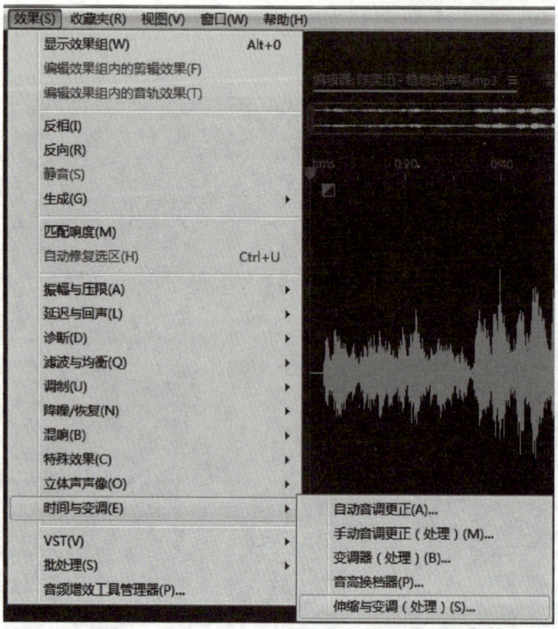

图 2-87

2. 调节伸缩与变调属性

在对话框里，【伸缩】是调节播放速度，【变调】是调节音调。

这里我们把【伸缩】调节为 50%，【变调】调为 0，单击左下角播放预览一下效果，可以听到歌曲速度加快了一倍(如图 2-88 所示)。

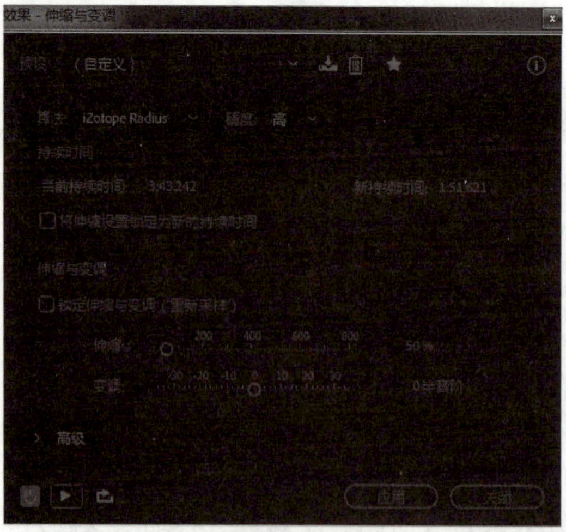

图 2-88

将【伸缩】调节为200%，试听速度变慢一倍的效果。

将【伸缩】调为100%，【音调】调为5个半音阶，试听升调效果。

将【伸缩】调为100%，【音调】调为-5个半音阶，试听升调效果。

3. 应用并导出音频

调整好后，单击【应用】，Audition开始应用效果(如图2-89所示)，应用完成后播放试听效果。

图2-89

菜单栏选择【文件】—【导出】—【多轨混音】—【整个会话】，导出mp3文件。

实训2.3.2　用Audition制作变调和变速效果

1. 导入音乐，加速一倍，导出mp3文件。
2. 导入音乐，升5个半音阶，导出mp3文件。

2.3.3　用Audition录音

1. 录制朗诵作品

(1)打开Audition，切换到【多轨】模式，会话名称改为“朗诵”，导入朗诵的背景音乐。

这里我们把右进的《夜的钢琴曲5》导入进去，并拖放到轨道2(如图2-90所示)。

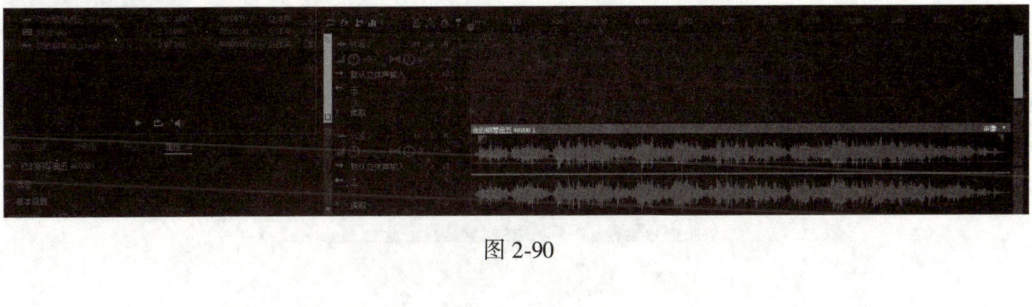

图2-90

(2)单击打开轨道1的【录制准备】按钮，按钮是大写的R，当R变成红色，就自动变成了录音准备状态(如图2-91所示)。

(3)插入麦克风，并调试麦克风的音量。

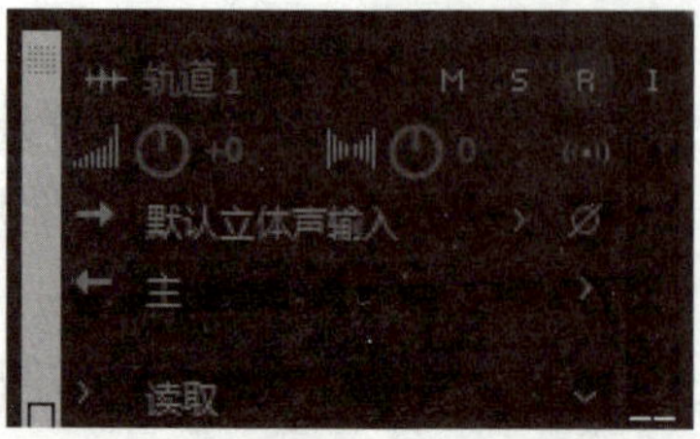

图 2-91

右键单击电脑右下角扬声器图标，选择【录音设备】，如果麦克风没有正常插入，则会显示【未插入】，插入成功后，会显示为【默认设备】(如图 2-92 所示)。

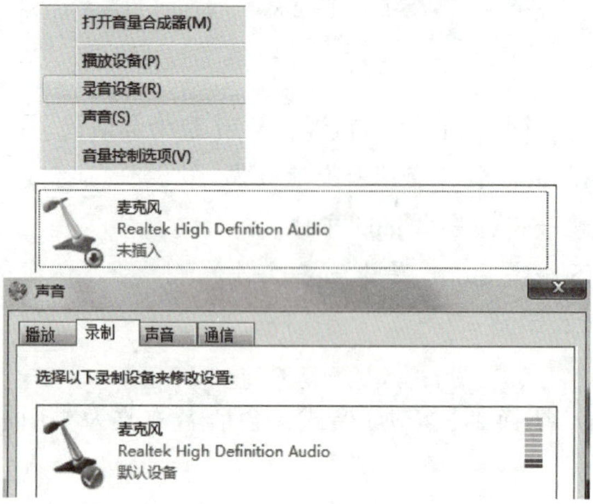

图 2-92

选中【麦克风】，单击【属性】—【级别】，可以调节麦克风的音量和加强(如图 2-93 所示)。

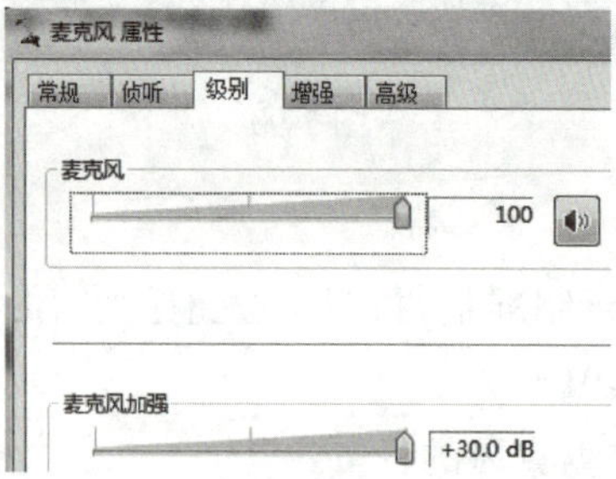

图 2-93

(4)麦克风插入后，Audition 的音频硬件也会产生变化，单击【是】进入【音频硬件】首选项(如图 2-94 所示)。如果没有该对话框，可以直接在菜单上单击【编辑】—【首选项】—【音频硬件】。

图 2-94

在【音频硬件】里，把【默认输入】从“立体声混音”改成“麦克风”，【确定】(如图 2-95 所示)。

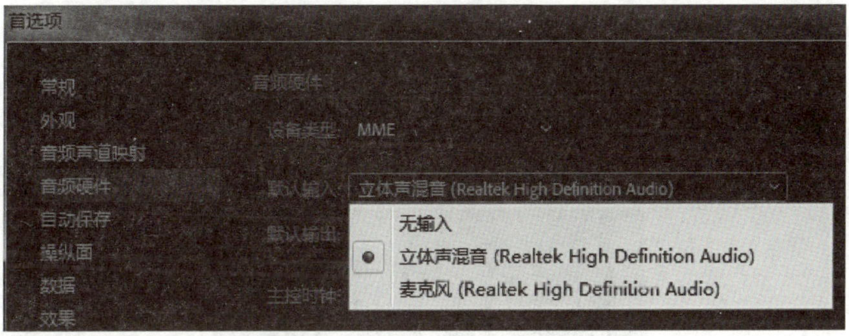

图 2-95

(5)准备工作完成后，单击下方红色的录音按钮(如图 2-96 所示)，开始录音，要注意调节好麦克风的音量，既不能太小，也不能太大(如图 2-97 所示)。

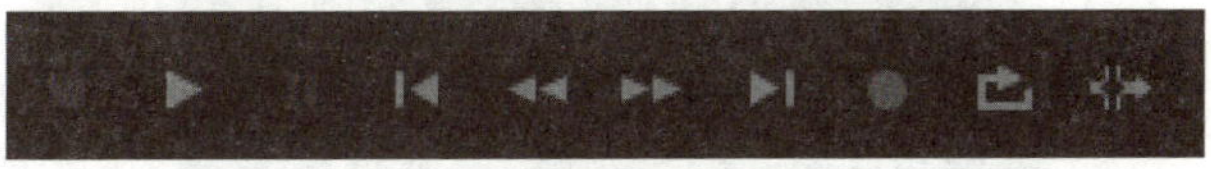

图 2-96

(6)录音完成后，需要进一步调节录音音量和背景音乐的音量，使其满足朗诵的需要。

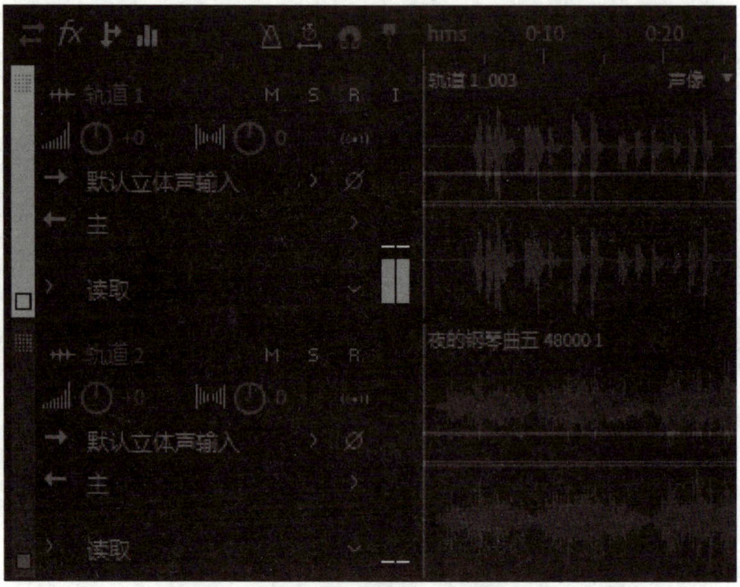

图 2-97

通过轨道前方【音量】按钮，可以增加轨道 1 录音音量，降低轨道 2 伴奏的音量（如图 2-98 所示）。

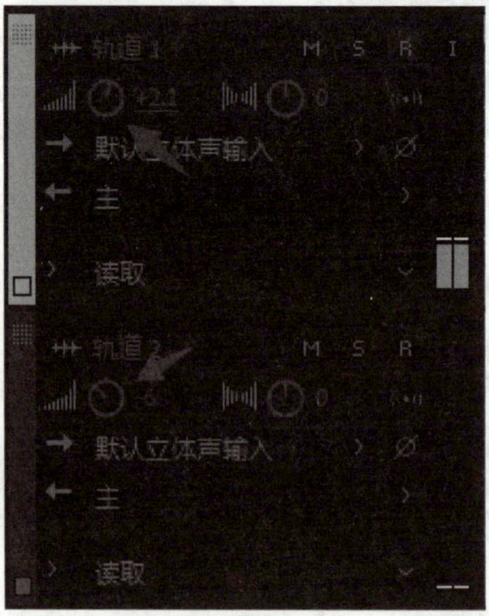

图 2-98

这种方法是调节整个轨道的音量，如果需要调节某一部分的音量，可以用【切断所选剪辑工具】在轨道上切断，再单独按住音频的黄色音量线上下拖动调节音量（如图 2-99 所示）。

在调节的过程中，音量要尽量大一点，但是【电平】不能到红色顶点，如果上面两个红色方块亮了，表示声音爆了，这时用鼠标把红色方块点一下灭掉，再把音量调小后重新试听，直到红色方块不亮为止（如图 2-100 所示）。

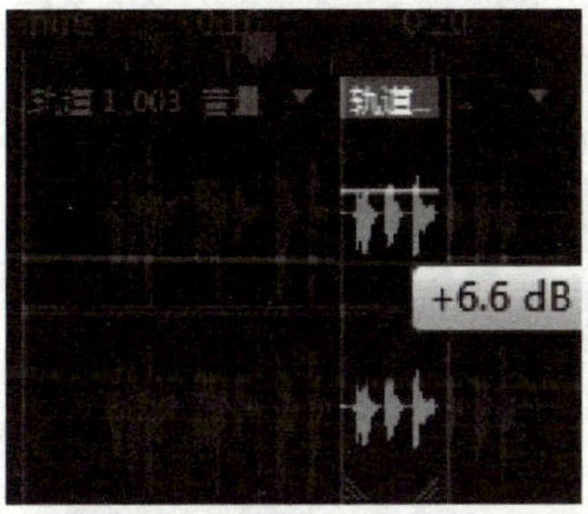

图 2-99

图 2-100

音量的调节需要自己把握，如果是朗诵，则伴奏要小一点，如果是唱歌，则伴奏要大一点。

（7）添加混响效果，录完原声后，如果不经过任何处理，声音会比较单薄，Audition 有很多种调节声音的功能，添加混响是一种简单直观的方法。

在【单轨】模式和【多轨】模式下，添加特效的选项也不太一样，【单轨】模式下特效会更加全一些，选项也全部能调节。

选择轨道 1，切换到【单轨】模式，单击菜单栏【效果】—【混响】—【混响】（如图 2-101 所示），在打开的【混响】对话框里，调节输出电平的【干】和【湿】，特性里的各个属性，或者直接点【预设】里选择一种预设。单击下方的播放按钮，可以试听混响效果（如图 2-102 所示）。

调节好后，单击【应用】即可添加混响，如果不满意，可以按 Crtl+Z 撤回。

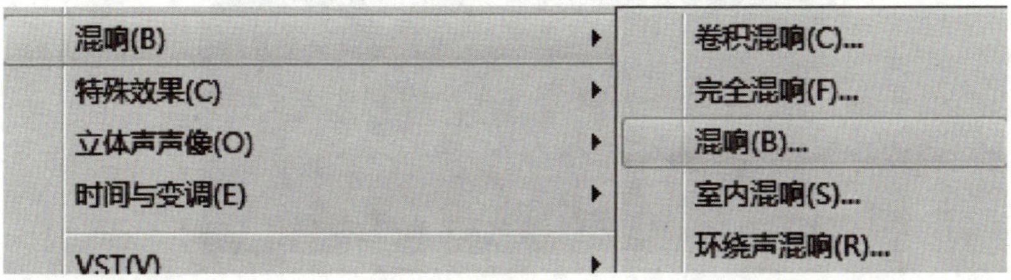

图 2-101

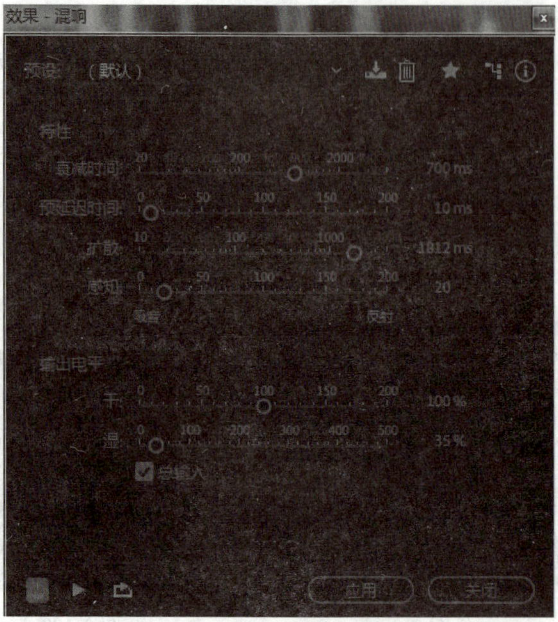

图 2-102

如果是在【多轨】模式下添加混响，则特性区域选项不可选择(如图 2-103 所示)，在左侧【效果组】窗口，可以看到已经添加的混响效果，单击右侧小三角，可以选【编辑效果】、【移除效果】，或者更换一种特效，左侧蓝色小方块是该特效的开关(如图 2-104 所示)。

图 2-103

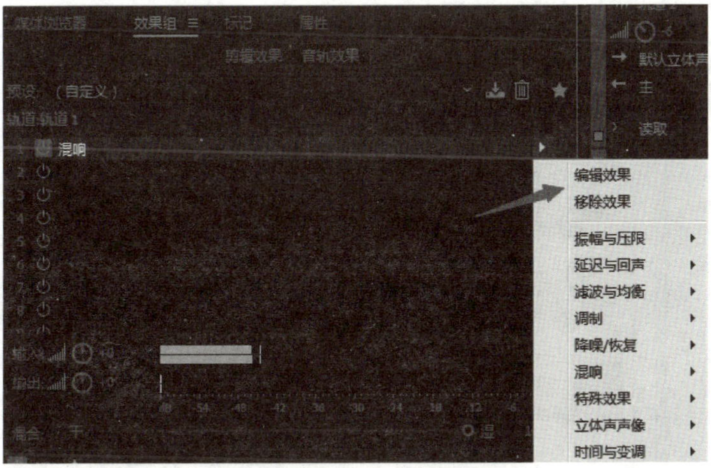

图 2-104

效果组里可以给音频添加多种特效，达到需要的效果。

(8)根据朗诵的时间，调节背景音乐的长度，如果音乐长了，就切断并删除，如果音乐短了，可以把音频再次拖动到后面，增加长度。

(9)导出 mp3 格式文件，并欣赏朗诵作品。

录制朗诵或者歌曲，要选择质量较好的麦克风，同时扬声器最好用耳机，如果使用音箱，容易将音箱里播放的声音通过麦克风被录下来，影响录音的效果。

2. 内录电脑声音

在上网的时候听到了很好听的背景音乐或者视频的音乐，但却不能下载。解决这个问题其实很简单，使用 Audition 的内录功能，电脑边放边录即可。

(1)右键单击电脑右下角扬声器图标，单击【录音设备】(如图 2-105 所示)。

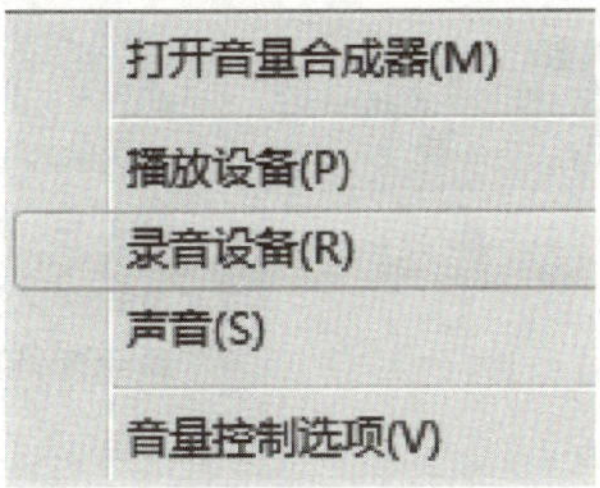

图 2-105

(2)查看录音设备里是否有“立体声混音”，若没有可右键点击空白位置，将【显示禁用设备】和【显示已断开设备】前面打勾，【立体声混音】就会出现(如图 2-106 所示)。

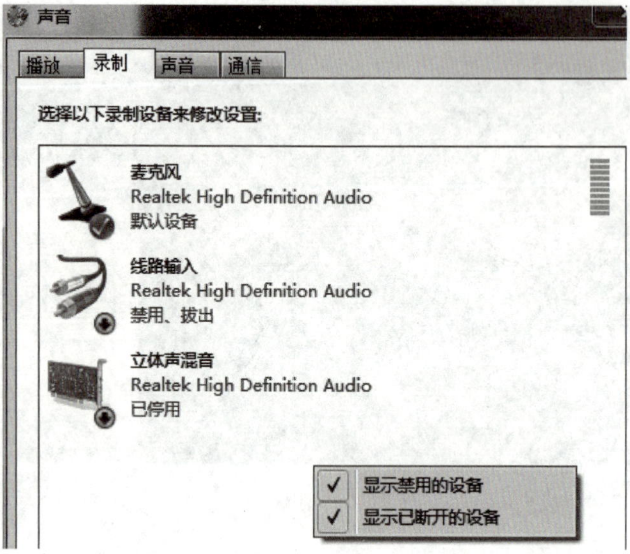

图 2-106

在【立体声混音】上右键单击，选择【启用】即可(如图 2-107 所示)。

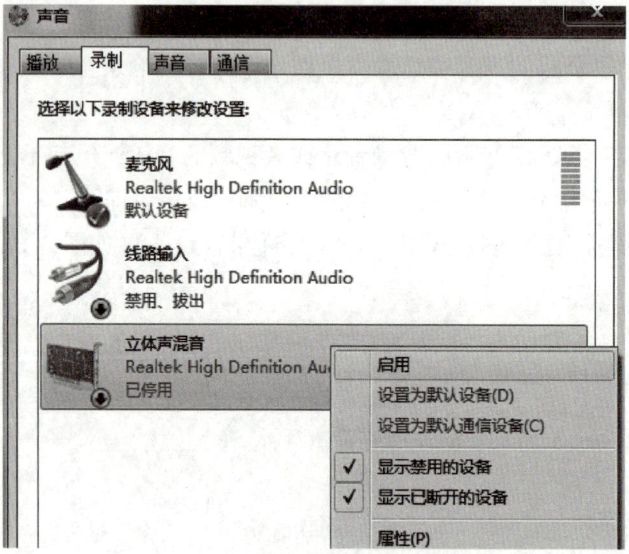

图 2-107

(3)选择【立体声混音】—【属性】—【级别】，将立体声混音音量调到 100(如图 2-108 所示)。

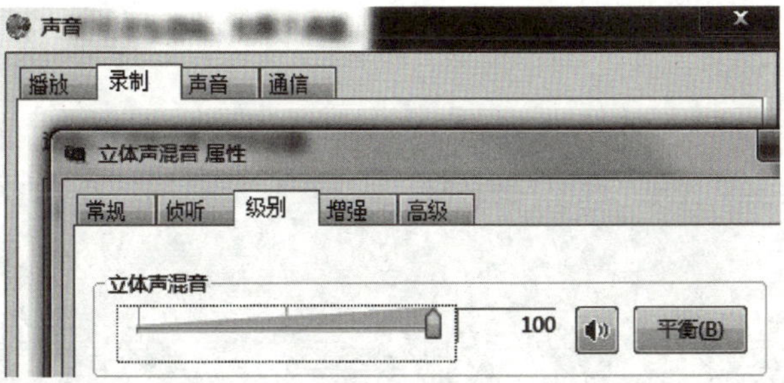

图 2-108

(4)在 Audition 首选项的【音频硬件】里，将【默认输入】修改为【立体声混音】(如图 2-109 所示)。

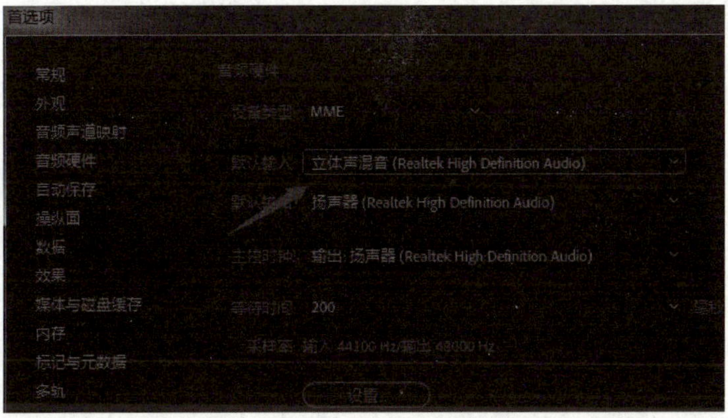

图 2-109

(5)单击打开轨道 1 的【录制准备】按钮，当 R 变成红色是录音准备状态(如图 2-110 所示)。

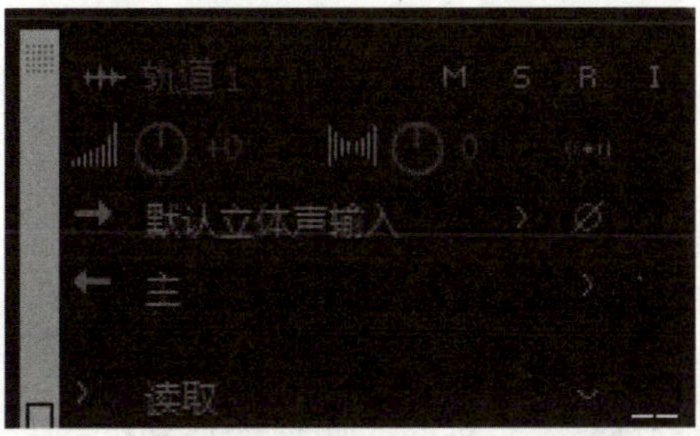

图 2-110

(6)用电脑播放你需要录制的音乐或视频，单击下方红色【录制】按钮开始录音(如图 2-111 所示)。

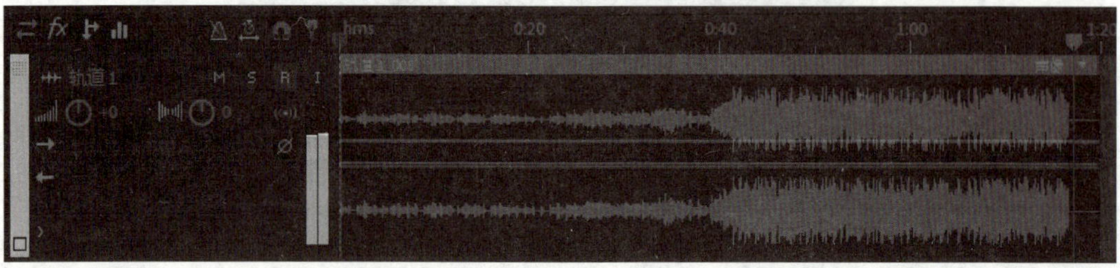

图 2-111

(7)调节电脑【扬声器】的音量，使录音的音量尽量饱满而又不会爆音(如图 2-112 所示)。特别注意音乐在高潮部分音量会变很大，应该以高潮部分的音量不爆音为准。

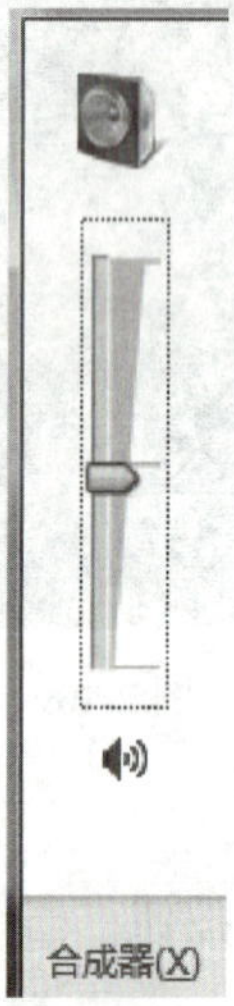

图 2-112

(8)录制完成后，将前后录制多余的部分裁剪，并删除，拖到轨道最前面。

(9)导出 mp3 文件。

2.4 文字转语音工具

文字转语音工具有很多种类，大部分为收费软件和平台，这里我们主要介绍免费的百度语音广播开放平台。

2.4.1 用百度语音广播开放平台制作语音

1. 在网页上登录百度账号

使用该平台必须登录百度账号，但是在平台登录容易报错，所以要先在百度主页登录百度账号。

进入百度 www. baidu. com，在右上角选择【登录】(如图 2-113 所示)，输入自己的百度账号和密码登录。

图 2-113

2. 打开百度语音广播开放平台

用百度搜索“百度广播开放平台”，找到百度语音广播开放平台，或者直接输入网址 https://developer.baidu.com/vcast 进入平台网址。

3. 输入内容，生成音频

输入标题、内容，选择“非情感女声”，速度“正常”，单击【生成音频】即可(如图 2-114 所示)。

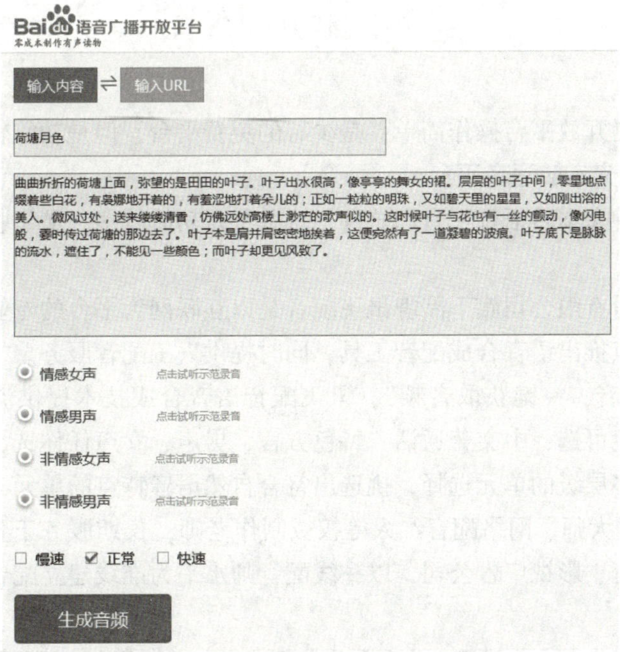

图 2-114

4. 试听和下载语音

生成音频成功后，会弹出成功界面，可以选择【试听】和【下载】(如图 2-115 所示)。

图 2-115

单击【试听】即可听到生成的音频。

单击【下载】一样是进入试听界面，单击右边三个小点，即可出现【下载】，单击下载即可下载 mp3 文件(如图 2-116 所示)。

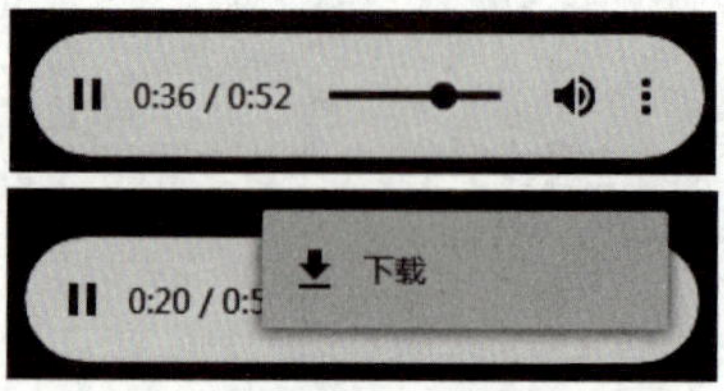

图 2-116

百度语音广播开放平台操作简单，是少有的免费平台，但是功能较为简单。

2.4.2 其他文本转语音平台

下面介绍几种文本转语音平台和软件，这些平台功能较多，属于收费平台。

1. 讯飞配音

科大讯飞股份有限公司旗下品牌讯飞配音是以互联网为平台的专业网络配音服务机构。讯飞配音重点推出语音合成配音工具，同时提供人工配音服务。

“文字转换声音，一键获取音频”，讯飞配音语音合成技术提供流畅自然多样的服务。多语言多音色可选，中文普通话、特色方言，男声、女声任你选，更支持语速、音调、音量设置。多层级的单元选择，挑选出符合自然语音特点的单元，听起来更舒服自然。拥有央视播音大师、网络配音红人等权威制作老师；长期服务于各大媒体、各省市电视台、优质电台、影视广告公司，以一线配音师水平为准线建立配音团队，为用户制定个性化配音。

讯飞配音可以选择【合成配音】和【真人配音】，能够提供不同需求的文字转语音需求。

这里我们单击【制作合成配音】，可以看到这个界面要比刚才介绍的百度语音平台功能更为强大，可以增加“背景音乐”，双人配音等(如图 2-117 所示)。

图 2-117

真人配音可以定制更加专业的配音。

2. 迅捷文字转语音

迅捷文字转语音软件也是一款强大的文字转语音工具，可以选择【文字转语音】、【录音转文字】、【翻译】等功能。

文本转语音工具很多，我们这里简单地介绍了几个常用的平台和软件，随着技术的发展，今后这类平台会越来越强大，我们可以根据自己的需求选择不同的平台。

第三章　幼儿园课件设计

我们在第一章介绍过，幼儿园课件具有趣味性、形象化和互动性，根据这些特点，结合幼儿的思维特点，我们来看看如何设计幼儿园课件。

3.1　幼儿的思维特点

根据儿童心理学我们可以了解到，幼儿的思维具有以下特点：

1. 具体性

幼儿的思维内容是具体的。他们对代表实际东西的概念掌握得比较好，而对于抽象的概念却不易掌握。比如我们说“建筑物”他们可能不理解，但是如果我们说“房子”，他们可能会更快地接受。如果老师说：“请觉得热的小朋友脱掉外套。”可能小朋友的反应并不明显，但是老师如果说：“豆豆，请把你的外套脱掉。”豆豆小朋友肯定会有反应。老师所说的“觉得热的小朋友”是泛指，而“豆豆”是具体指出某个人，在小朋友的思维中，这是不同的。

2. 形象性

幼儿一般是依靠事物在头脑中的形象来思维的，他们的小脑袋中充满了各种各样的颜色、形状、声音等形象，比如说到“奶奶”，他们的脑海中一般是“白发苍苍、拄着拐杖”的，说到兔子，一般是“蹦蹦跳跳、喜欢吃胡萝卜”的，说到老师一般是“戴着眼镜，拿着书本”的。

3. 单维思维

幼儿一般只能理解和运用初级概念及其间的关系，这些初级概念是幼儿在具体实际经验中获得的，幼儿的思维是不可逆的，不能掌握什么是守恒，不能进行真正的逻辑运算。比如说幼儿正在吃冰淇淋，大人告诉他冰淇凌上有一只虫子，大人的意图自然是让他别把虫子吃到嘴里，而儿童可能会理解为：“虫子太热了，它也想吃冰淇凌”，所以说，儿童的思维与大人的思维是有天壤之别的。

4. 主次不分

有这样一个小笑话，杰克放学回家，母亲看见他满脸血迹，就问道：“杰克，你又打架了？怎么丢了两颗牙齿！”杰克急忙说道：“妈妈，牙齿没有丢，我把它们放在口袋里了！”可见，孩子完全没有搞清楚妈妈的意思，妈妈责备的是他又和别人打架了，他却说牙齿没有丢。从孩子的观念来看，牙齿确实没有丢，因为丢的意思对他们来说是找不到了，不见了，而他的牙齿还放在口袋里这能算丢吗？还有一则笑话，也能说明这个问题。一个母亲对孩子说："留神别吃下苹果里的虫子。"宝宝说："为什么我要留神呢？该让它留神我才是。"所以，幼儿说话抓不住问题的关键，父母要保持足够的耐心来倾听。

5. 单向思维

如果你教给幼儿 1+1=2，但是不要以为他们也已经懂得 2-1=1，因为他们只能从左边推到右边，不能从右边推到左边。又如，两只同样矮而宽的杯子装着同样多的水，其中一只杯子中的水被倒入另一只高而窄的杯子里，那么让幼儿比较哪个杯子里的水比较多时，可能就会出现他认为高而窄的杯子里水多的时候，因为这时他还不能很好地利用运算来解决问题，而利用的是他们仅有的直观经验。所以在传授幼儿知识时不能想当然地认为他也能自己做一些逆向思维。

3.2 幼儿园课件的界面设计

3.2.1 幼儿园课件界面设计原则

1. 童趣

每一个课件都有它自己的风格和特点，幼儿课件不管是哪个领域，都应该有一个共同的要求就是童趣。幼儿喜欢看动画片、喜欢色彩丰富的画面、喜欢有节奏的音律等，这些就是我们在制作课件时应该首先想到的。一个富有童趣的课件才是合格的幼儿园课件。

2. 少字

制作幼儿园课件时，尽可能少地使用文字。根据《3　6 岁儿童学习与发展指南》要求，幼儿园小班、中班、大班对文字的认知要求都不是很高，也就是说幼儿的识字量是有限的，所以幼儿园课件要尽可能少出现文字，尽量用图片、视频、动画或者音频代替。

3. 具体

根据幼儿形象性的思维特点，在界面设计中应该加入一些更加具体、更加形象、更能直接反映主题的图片，以此加深幼儿的印象，尽量少使用抽象的、泛指的内容。

4. 简洁

所有课件的界面设计以"简洁"作为一项重要原则，幼儿园课件也不例外，那如何做到界面简洁？

首先，控制使用字体的颜色、字体、单张幻灯片上的内容数量等。

其次，保持每张幻灯片上一个视觉兴趣中心。幼儿的注意力很难长时间集中，如果一个界面中有超过一个知识点的内容，可能会导致幼儿无法集中注意力，无法跟着老师的思路走，活动效果会大打折扣。

5. 留白

一个界面不留有空白，会让人感觉有“满”和“挤”的感觉，也不符合界面设计的简洁原则。空白是指没有课件教学内容信息的，并非代表什么都没有，有时候可以使用相对统一的填充、图案，这些都可以视为空白，就像一幅图中的天空、草地、水面皆是空白。

6. 统一

- 位置的统一：指界面中的各对象在设计时位置要相对统一，如课件导航的位置、课件标题的位置、控制按钮的位置等。
- 形式的统一：指界面中的各对象应当保持外观及操作方式相对一致，如在课件界面中使用矩形按钮，那么其他按钮也应当使用这种风格，不要将同一功能的按钮制作成多种样式。课件内容的呈现方式，幻灯片的切换效果也是一样的道理，应当相对统一。
- 预期的统一：让用户能猜到后面出现的内容会是什么样的形式。
- 打破统一：有时多一些变化，可以让界面变得耳目一新，但不宜过多。

7. 突出主题

每个课件的主界面相当于一个课件的“门户”，当老师打开主界面的时候，幼儿就应该能够通过图片等文字以外的元素猜测出本次活动的主题。

幼儿的识字量有限，所以主界面的设计更多的应该有和主题相关的图片或者其他元素，而不应该仅仅只有文字。如图 3-1 所示，关于蚂蚁搬家这个主题，可以使用一幅蚂蚁正在搬东西的图片，配以主题文字“蚂蚁搬家”，再添加太阳等一些其他元素，就可制作出符合幼儿课件特点的封面了。

图 3-1

如果这个课件是一个以图片展示为主的课件界面，一般要添加图片及图片标题、图片说明等要素，但因为是幼儿课件，需要尽可能简化文字。

8. 合理布局

添加到课件里面的元素，要根据版面，对这些内容要素的位置、大小进行排版，添加样式等。如可以对图片添加边框，调整文字的色彩，添加背景等。

3.2.2 界面设计的方法

界面是学习者与课件交互的窗口，教学者通过界面可以更生动、更形象地向学习者展示想要表达的教学内容，学习者也可以通过文字、声音、图片、动画等更轻松更主动地接受新知识。好的界面能使人耳目一新，一打开课件就能被精美的画面吸引，主动进行学习，对幼儿来说，这一点尤为重要。

1. 使用母版

母版是可以用来创建重复使用的各类元素的，比如背景，并对其进行全局管理，是整个幻灯片制作过程中多次重复使用的一个模板。在母版中，我们需要创建好页头、页尾、导航等，后面要使用时，在任何页面都可以轻松使用事先创建好的母版，不需要再次制作，或者复制粘贴，这就是母版的便利性，如果有地方需要修改，可以直接在母版版面对它们进行统一管理，因为对母版进行的任何修改，修改后的结果都会同步到使用的页面中。使用母版能够节省时间，统一风格，极大地提高工作效率。

2. 使用“设计”选项卡

在 PPT 中，“设计”选项卡的用处非常大，它能够快速地确定主题、色彩(文字和页面)、字体、效果等，Office 提供了几十个设计好的主题可供选择，还提供了十几种背景样式，如果还不满意，也可以自己修改字体颜色、页面背景颜色、字体样式、字号等效果。所以利用 PPT 中的“设计”选项卡，为幻灯片选择一个主题，能快速改变幻灯片的外观，还能根据具体的需求进行修改，操作起来方便、简单，完成后只需要保存对现有主题的颜色、字体、线条、填充效果做出的更改，便可以将主题应用到其他文档或演示文稿。

3. 使用图形工具

在 PPT 的界面设计中，图形的合理使用会让你的课件看起来与众不同。如何合理使用呢？如图 3-2 所示：

图 3-2

首先插入“矩形”工具，填充成蓝色—白色、由上到下的渐变效果，大小和界面相同，制作出蓝天的效果；第二步插入“流程图—卡片”图形工具，绘制出和界面等宽的图形，高度适中，水平翻转，编辑图形顶点，拖动顶点至合适位置，再在顶点上点击右键，选择平滑顶点，填充成绿色，无轮廓颜色，一座绿色的小山坡就形成了；最后再插入“太阳”图形工具，填充成红色到橙色的渐变，选择中心辐射；插入“云形”工具，填充成白色、无轮廓，放置合适位置即可。

PPT 中的线条、透明、渐变，还有三维、阴影、映像等效果，只要能合理使用，适当使用，就能做出非常精美的界面效果。

4. 借助其他元素

除了 Office 自带的工具，如果我们要做好一个富有儿童特点的课件，更多的时候是要借助其他元素，比如图片，当然图片并不是整幅图拿来使用，而是通过编辑等手段，把图片处理成自己需要的样式，或者抠出自己需要的元素。关于图片编辑在本书第二章有详细介绍。如图 3-3 所示，这是《环保小能手》课件的封面，但是这张幻灯片中所使用的元素来自不同的图片(如图 3-4、图 3-5、图 3-6)，通过对这些图片的裁剪、处理等方式，得到这个封面需要的素材元素，再进行拼图，重新组合成符合主题“环保”的封面，比如绿色的草地、绿色的房子，让人很容易联想到绿化这个和环保相关的主题，云朵和两个小孩的图片为封面增添了几分童趣，更能吸引幼儿的注意力。

图 3-3

图 3-4

图 3-5

图 3-6

3.3 幼儿园课件设计思路

一个课件设计的好与坏，教学思路是关键。教学思路是指教师对课堂教学从酝酿、设计到实施等整个教学过程的思路，比如这节课应该用什么样的方式开始，重点、难点应该用什么样的方式和方法解决和突破，最后应该用什么样的方式来结束等这样一个完整的过程。好的教学思路能帮助学生理解和巩固所学内容，帮助教师提高课堂教学效果、提升教学质量。在幼儿课件的设计与制作中，要能清晰地展现出教师的教学思路和方法，并且这种思路和方法是符合不同年龄段的幼儿和不同领域活动的。从平时的实践教学过程中来看，课件的设计思路一般包括以下几个环节：导入环节、学习环节、巩固环节、拓展环节。

3.3.1 导入环节

教学过程中，如果导入语说得好，能使整个教学有良好的开端和发展，能够激发幼儿活动的兴趣，也就是说，导入语说得好，教学就成功了一半。

制作教学课件也是这个道理，如果使用了一个幼儿感兴趣的方式，那么在导入环节就能吸引幼儿的注意力，引发幼儿探索的好奇心，这个课件也就成功了一半。在课件制作过程中，可以使用以下几种导入方式。

1. 直入式导入

直入式导入就是开门见山地直接导入新课内容。比如语言领域活动“龟兔赛跑”，教师可以通过课件直接播放《龟兔赛跑》的视频，让幼儿通过看视频了解《龟兔赛跑》这个故事，知道故事中有几个主人公。教师再通过讲解，让幼儿知道哪个主人公值得我们学习，要学习它的什么精神，这个故事告诉了我们一个什么道理等。幼儿有了前面视频中的知识，再接受和理解教师讲解的内容就容易多了。

2. 故事式导入

大多数幼儿喜欢听故事、看动画片，如果我们在上课之前给幼儿观看一段或听一段和活动主题相关的动画故事，将幼儿带入故事情境当中，让幼儿在故事情境中进行主动学习，就能达到事半功倍的效果。比如健康领域活动“保护牙齿”，可以先播放一段动画故事，动画中有个小朋友叫明明，他很喜欢吃糖果、喝饮料，但是不喜欢刷牙，后来就有很多很多的牙虫来吃他的牙齿，结果明明的牙齿被牙虫吃光了，他什么也吃不了了。通过这段动画故事，让小朋友知道牙齿也是需要保护的，可是要怎么保护呢？老师再来跟幼儿讲正确的保护牙齿的方法的时候，幼儿就会注意力比较集中，因为他们可不想自己的小牙齿也被牙虫吃掉。

3. 谜语式导入

通过猜谜语能够概括事物的主要特征，帮助幼儿理解新课的内容，启发幼儿的学习兴趣。比如科学领域活动“可爱的小白兔”，教师可以使用课件展示小白兔的局部，比如“红的眼睛”，“短的尾巴”，“长的耳朵”，“三瓣嘴”，“爱吃萝卜和青菜”，再让幼儿结合谜语“耳朵长，尾巴短、红眼睛、白毛衫，三瓣嘴，胆子小，青菜萝卜吃个够”来猜测，有视觉和听觉两个方面的刺激，幼儿对小白兔的特点的印象会更加深刻。

4. 谈话式导入

常规的谈话式导入是指教师在和幼儿的交谈中，不知不觉地渗透新课的内容，进而自然地引入新课题。使用课件导入，教师可以创造一个幼儿喜欢的动画角色，比如幼儿喜欢的小花猫、小黄狗等，在课件中展示出这个角色，并且制作出和幼儿的对话效果。比如语言活动“小小的船”，可以设计一个小花猫为主角，小花猫向幼儿提出：“小朋友，你们看，我的前面就是大海，我想去大海上玩，怎么去呢？”“你们坐过船吗？”“你们坐的船是大船还是小船啊？”“你们知道船是怎么行驶的吗？”等一系列的问题，因为是幼儿喜欢的角色，他们对这一系列问题也会表现得比较积极，愿意思考，用这种方式比与教师的直接交谈效果要好很多。

5. 悬念式导入

采用悬念式导入新课，可以引起幼儿的好奇心，激发幼儿追根问底的热情，培养幼儿主动探索的精神。在科学领域活动“谁跑得快”中，教师可以先使用课件展示几只动物在比赛跑步，最好采用动画的形式让动物奔跑起来，这样会吸引幼儿的注意力。教师可以让幼儿猜测哪只动物跑得最快、哪只动物跑得最慢，让幼儿思考为什么，激发出幼儿的好奇心，让幼儿萌发出追根问底的想法，引导他们通过一定的方法主动探索答案，最终完成活动目标。

6. 表演式导入

通过情境、小品、舞蹈、儿歌、木偶等表演形式导入新课。可以借助课件播放音乐，教师示范，或者教师无法示范的形式都可以借助课件的形式导入，让幼儿的听觉、视觉受到双重刺激，以此引发幼儿的注意力和好奇心等。

7. 演示式导入

传统的演示式导入是借助实物、玩具、图片等道具演示的形式导入新课，直观形象，幼儿既感兴趣，又容易理解。但是有些生活中的场景是无法现场演示的，比如“着火了”，“打雷闪电了”等，这个时候使用课件能更形象生动地把学生带入情境中。

3.3.2 学习环节

对于幼儿来说，这个环节是他们学新本领的环节，但是这个环节怎么设置才能让幼儿在不知不觉的情况下学习到新的知识呢？

1. 观察法

观察法是指教师有目的、有计划地组织和启发学前儿童运用多种感官，去感知客观世界的事物与现象，使幼儿获得具体的印象，并在此基础上逐步形成概念的一种方法。传统的观察方法是教师拿出实物或者图片，让幼儿通过眼睛看、鼻子闻、耳朵听、小手摸等方式进行观察，但是有些实物是无法近距离观察的，有些实物是无法看到它的内部结构的，所以仅仅采用实物观察的方法有一定的局限性。在幼儿观察的过程中，使用多媒体课件加以辅助，可以让幼儿观察得更加精细，观察的范围更加广泛，观察的物种更加多样，有助于幼儿多层次、多角度去认知一个事物。

2. 操作法

操作法是提供给幼儿合适的材料、教具、环境，让幼儿在自己摆弄的实践过程中进行探索，以获得数学感性经验和逻辑知识的一种方法。随着信息技术的发展，幼儿的操作不仅仅限定为实物，很多操作可以在多媒体课件中互动完成。在“树叶”主题活动中，教师可以让幼儿用树叶拼各种各样的图形出来，但是毕竟教师生活的范围有限，教师搜集的树叶实物也会受到限制，所以提供给幼儿的材料也是有限的。如果使用多媒体课件，可以在网络中搜集到比较全面的树叶品种，教师让幼儿通过电脑游戏拼一拼，在屏幕上玩用树叶拼形状的游戏，既开阔了视野，又节约了资源。

3. 倾听法

倾听法是最基本、最常用的一种学习方法，但是对于注意力很难集中的幼儿来说，这种最基本的学习方法也是一种比较难操作的学习方法，这对教师本身的语言能力也要求比较高。如果在这个环节使用多媒体课件做辅助，可以帮助教师吸引幼儿的注意力。比如可以使用多媒体课件提前准备多种角色的声音和动作，在活动过程中，分角色完成一个故事、一段朗诵，这对语言能力比较弱的教师来说，是比较好的解决办法，对幼儿来说多角色的声音对他们更有吸引力。

4. 模仿法

对幼儿来说，模仿一个事物是他们认知和接受一个事物比较直接的一种方式，但是要模仿一个事物，首先要对这个事物有足够的了解。比如让幼儿模仿大猩猩，首先要让幼儿知道大猩猩高兴的时候、悲伤的时候、愤怒的时候是什么样的表情、什么动作、什么行为，只有观察得足够仔细，了解得更加深入，模仿才能更加到位，认知也就更加深刻。在模仿之前，可以使用多媒体课件播放大猩猩的各种表情和动作，让幼儿仔细观察，再模仿，这个过程可以反复观看、反复模仿，以此加深幼儿对大猩猩不同状态下的印象。

5. 游戏法

游戏除了传统意义上的游戏外，还有电脑游戏，在组织幼儿活动的过程中，使用多媒体手段设计一些小游戏，作为课件辅助教学，可以更方便地操作。在社会领域活动“民族服饰”过程中，教师通过讲解不同民族的服饰的特点之后，可以让幼儿玩一个换装游戏，教师说出换哪个民族的服饰，幼儿用电脑操作换装，这种方法看似在玩，实际是让幼儿在不知不觉中对各个民族的服饰有了更进一步的了解。

3.3.3 巩固环节

对于学习者来说，如果学过的知识不使用、不强调，没过多长时间就会忘记，对于幼儿来说，记忆的时间可能更加短暂。所以对新知识加深印象，强调新知识的运用这个环节在幼儿园活动组织中尤为重要。我们可以使用多媒体课件辅助完成这个环节。

1. 判断(选择)

在科学、健康、社会等领域，一般都是探究、认知比较多，所以对新知识的准确性要求也比较高。在健康领域活动“着火了怎么办”中，可以设置判断或者选择环节，教师展示正确的逃生方法和错误的逃生方法，让幼儿自己判断和选择，如果判断或选择正确，会有“你真棒”的音频或者“点赞”的大拇指图片出现，如果回答错误则会有“继续努力”的音频或者“不开心”的图片出现等。在社会领域活动“环保小能手”中，在判断环节教师可以展示一些帮助小树小草浇水的图片，再展示一些践踏草地、乱摘花朵的图片，让幼儿进行判断或选择，并说出为什么做得对或者不对，让幼儿对这些行为有深刻的印象。

2. 连线

连线的设置主要是对让幼儿对事物的关联性、完整性加以巩固。在科学领域活动“动物的尾巴”中，可以设置一个连线的环节，让幼儿把动物的身体和动物的尾巴连接起来，这个环节需要幼儿对动物的完整性有一定的认知，并且能够通过观察，包括颜色、形状、功能等，做出正确的选择，整个过程中，可能需要教师的引导和前面几个环节知识的积累。

3. 寻找

寻找是利用幼儿的好奇心设置的一个环节，主要是让幼儿在探索中了解这些事物的作用、特点等。比如在科学领域数学活动“图形宝宝”中，可以设置一些生活中的用品，这些生活用品的形状和幼儿需要掌握的形状相似，幼儿可以按照教师的指令寻找形状，并能简单描述，在此过程中完成学习内容的巩固。

4. 游戏

游戏是幼儿最喜欢的活动，无论是科学、健康、社会等领域的活动，都可以用这种方式进行知识的巩固。比如科学领域活动“小动物的家”，可以设置一个环节“送小动物回家”，让幼儿通过送不同的小动物回不同的家，以此加深幼儿对不同外形、不同习性的动物和它们生存环境关系的理解。

3.3.4 拓展环节

幼儿具有强烈的好奇心，他们对自己感兴趣的东西会主动探索。在此环节教师可以抓住幼儿的兴趣点进行拓展，比如可以以人文资源为依托，带领幼儿参观当地最具特色的超市、景点等，或者以幼儿自己的兴趣、经验、需要等为依据展开探索、调查等活动，还可以利用区域和日常活动等展开各种区角活动。当然，这些拓展活动更多的是要带领幼儿去探索、去体验，让他们亲身感受主题活动的意义，所以，课件在此环节只需要点到为止。

第四章　健康领域课件

4.1　关于健康领域

健康是指人在身体、心理和社会适应方面的良好状态。幼儿阶段是儿童身体发育和机能发展极为迅速的时期，也是形成安全感和乐观态度的重要阶段。发育良好的身体、愉快的情绪、强健的体质、协调的动作、良好的生活习惯和基本生活能力是幼儿身心健康的重要标志，也是其他领域学习与发展的基础。

为有效促进幼儿身心健康发展，成人应为幼儿提供合理均衡的营养，保证充足的睡眠和适宜的锻炼，满足幼儿生长发育的需要；创设温馨的人际环境，让幼儿充分感受到亲情和关爱，形成积极稳定的情绪情感；帮助幼儿养成良好的生活与卫生习惯，提高自我保护能力，形成使其终生受益的生活能力和文明生活方式。

幼儿身心发育尚未成熟，需要成人的精心呵护和照顾，但不宜过度保护和包办代替，以免剥夺幼儿自主学习的机会，养成过于依赖的不良习惯，影响其主动性、独立性的发展。

4.1.1　身心状况

目标 1　具有健康的体态

3~4 岁	4~5 岁	5~6 岁
1. 身高和体重适宜。参考标准： 男孩 身高：94.9~111.7 厘米 体重：12.7~21.2 千克 女孩 身高：94.1~111.3 厘米 体重：12.3~21.5 千克 2. 在提醒下能自然坐直、站直	1. 身高和体重适宜。参考标准： 男孩 身高：100.7~119.2 厘米 体重：14.1~24.2 千克 女孩 身高：99.9~118.9 厘米 体重：13.7~24.9 千克 2. 在提醒下能保持正确的站、坐和行走姿势	1. 身高和体重适宜。参考标准： 男孩 身高：106.1~125.8 厘米 体重：15.9~27.1 千克 女孩 身高：104.9~125.4 厘米 体重：15.3~27.8 千克 2. 经常保持正确的站、坐和行走姿势

注：身高和体重数据来源：《2006 年世界卫生组织儿童生长标准》中 4、5、6 周岁儿童身高和体重的参考数据。

课件制作建议：

1. 小班健康领域课件在这个目标中可以根据活动目标设计一些日常简单的动作，比如“排排队”、“学会站直”、“认识常见的食物”、“主动喝水”、“爱吃饭”、“不挑食”等活动。可以在幻灯片中放些可爱图片，并设置成动画“进餐时保持愉快的情绪，愿意自己吃饭”等类似的场景。

2. 中班健康领域课件在这个目标中可以设置一些不同的情境，比如可以进一步认识各类常见食物，懂得科学合理进食，形成良好的饮食习惯，并能准确完成坐、蹲、走的动作。

3. 大班健康领域课件在这个目标中可以设计一些给定习惯，比如，会使用筷子，养成独立进餐的习惯，能够完成跑、跳、站的行为。

目标 2　情绪安定愉快

3~4 岁	4~5 岁	5~6 岁
1. 情绪比较稳定，很少因一点小事哭闹不止 2. 有比较强烈的情绪反应时，能在成人的安抚下逐渐平静下来	1. 经常保持愉快的情绪，不高兴时能较快缓解 2. 有比较强烈的情绪反应时，能在成人提醒下逐渐平静下来 3. 愿意把自己的情绪告诉亲近的人，一起分享快乐或求得安慰	1. 经常保持愉快的情绪。知道引起自己某种情绪的原因，并努力缓解 2. 表达情绪的方式比较适度，不乱发脾气 3. 能随着活动的需要转换情绪和注意

课件制作建议：

1. 小班健康领域课件在这个目标中可以根据活动主题，设计心理认知活动，比如，“喜欢上幼儿园”、“学会分享”、“认识常见的食物”、“主动喝水”、“爱吃饭”等活动。在课件制作过程中通过设置动画，切换效果等让幼儿加深理解。

2. 中班健康领域课件在这个目标中可以设置一些不同的情境的心理活动，比如“消气商店”、“分享快乐”，通过一些图片和动画效果，让幼儿把心理想法通过情绪和动作表现出来，从而学会表达情绪，制作时可以设置交互性触发器等按键。

3. 大班健康领域课件在这个目标中可以设计一些给定情境，比如，“为你喝彩”、“我快乐”、“不乱发脾气”、“学会谦让”。让幼儿学会根据课件画面不同转换注意力。

目标 3　具有一定的适应能力

3~4 岁	4~5 岁	5~6 岁
1. 能在较热或较冷的户外环境中活动 2. 换新环境时情绪能较快稳定，睡眠、饮食基本正常 3. 在帮助下能较快适应集体生活	1. 能在较热或较冷的户外环境中连续活动半小时左右 2. 换新环境时较少出现身体不适 3. 能较快适应人际环境中发生的变化。如换了新老师能较快适应	1. 能在较热或较冷的户外环境中连续活动半小时以上 2. 天气变化时较少感冒，能适应车、船等交通工具造成的轻微颠簸 3. 能较快融入新的人际关系环境。如换了新的幼儿园或班级能较快适应

课件制作建议：

1. 小班健康领域课件在这个目标中可以根据活动主题，设计心理认知能力，比如，“拉手转圈”、“打秋千”、“玩转椅”等活动。在课件制作过程中通过设置动画效果，让幼儿加强视觉印象。

2. 中班健康领域课件在这个目标中可以设置一些不同的心理适应活动，比如“生病了”、“新来的老师”，“去奶奶家过春节”、“堆雪人”等，通过一些图片和动画播放效果，让幼儿把心理想法通过情绪和动作表现出来，从而学会适应新的环境。

3. 大班健康领域课件在这个目标中可以设计一些给定情境，比如，“不快乐的时候”、“我喜欢新同学”、“开火车”等活动主题，让幼儿学会根据不同场景适应新的环境。

4.1.2　动作发展

目标 1　具有一定的平衡能力，动作协调、灵敏

3~4 岁	4~5 岁	5~6 岁
1. 能沿地面直线或在较窄的低矮物体上走一段距离 2. 能双脚灵活交替上下楼梯 3. 能身体平稳地双脚连续向前跳 4. 分散跑时能躲避他人的碰撞 5. 能双手向上抛球	1. 能在较窄的低矮物体上平稳地走一段距离 2. 能以匍匐、膝盖悬空等多种方式钻爬 3. 能助跑跨跳过一定距离，或助跑跨跳过一定高度的物体 4. 能与他人玩追逐、躲闪跑的游戏 5. 能连续自抛自接球	1. 能在斜坡、荡桥和有一定间隔的物体上较平稳地行走 2. 能以手脚并用的方式安全地爬攀登架、网等 3. 能连续跳绳 4. 能躲避他人滚过来的球或扔过来的沙包 5. 能连续拍球

课件制作建议：

1. 小班健康领域课件在这个目标中可以根据活动主题，设计锻炼幼儿身体机能的技能性活动，比如，“老狼，几点了?”、“木头人”、“玩滑梯”、“走平衡木”等活动。在课件制作过程中通过设置动画、切换效果等让幼儿加深理解动作。

2. 中班健康领域课件在这个目标中可以设置一些不同的身体机能活动，比如“揪尾巴”、“玩跳房子”、“击鼓传花”，“钻洞洞”、“滚铁环”等，通过一些图片和动画播放效果，让幼儿把身体平衡能力表现出来，对于拍球、跳绳等技能性活动，不要过于要求数量，更不能机械地训练，从而学会锻炼身体。

3. 大班健康领域课件在这个目标中可以设计一些身体机能活动，比如，“攀网”、“扔沙包”、“拍球”、“跑圈”、“跳绳”等活动主题。让幼儿学会能够根据身体平衡能力，完成动作协调的目的。结合活动内容对幼儿进行安全教育，注重在活动中培养幼儿的自我保护能力。

目标 2 具有一定的力量和耐力

3~4 岁	4~5 岁	5~6 岁
1. 能双手抓杠悬空吊起 10 秒左右 2. 能单手将沙包向前投掷 2 米左右 3. 能单脚连续向前跳 2 米左右 4. 能快跑 15 米左右 5. 能行走 1 公里左右(途中可适当停歇)	1. 能双手抓杠悬空吊起 15 秒左右 2. 能单手将沙包向前投掷 4 米左右 3. 能单脚连续向前跳 5 米左右 4. 能快跑 20 米左右 5. 能连续行走 1.5 公里左右(途中可适当停歇)	1. 能双手抓杠悬空吊起 20 秒左右 2. 能单手将沙包向前投掷 5 米左右 3. 能单脚连续向前跳 8 米左右 4. 能快跑 25 米左右 5. 能连续行走 1.5 公里以上(途中可适当停歇)

课件制作建议:

1. 小班健康领域课件在这个目标中可以根据活动主题，设计锻炼幼儿身体机能的体育活动，比如，“单脚跳”、“扔沙包”、“跑步”等活动，鼓励幼儿多走路、少坐车，自己上下楼梯、自己背包。

2. 中班健康领域课件在这个目标中可以设计锻炼幼儿身体机能的体育活动，比如“抓双杠”、“搬家”、“攀岩”，“钻洞洞”等活动，通过一些图片和动画播放效果，让幼儿把身体平衡能力表现出来，从而学会锻炼身体。

3. 大班健康领域课件在这个目标中可以设计锻炼幼儿身体机能的体育活动，比如，“拍球”、“扔沙包”、“跑圈”、“跳绳”等活动。让幼儿学会能够根据身体平衡能力，完成动作协调。结合活动内容对幼儿进行安全教育，注重在活动中培养幼儿的自我保护能力，开展丰富多样、适合幼儿年龄特点的各种身体活动，如走、跑、跳、攀、爬等，鼓励幼儿坚持下来，不怕累。

目标 3　手的动作灵活协调

3~4 岁	4~5 岁	5~6 岁
1. 能用笔涂涂画画 2. 能熟练地用勺子吃饭 3. 能用剪刀沿直线剪，边线基本吻合	1. 能沿边线较直地画出简单图形，或能边线基本对齐地折纸 2. 会用筷子吃饭 3. 能沿轮廓线剪出由直线构成的简单图形，边线吻合	1. 能根据需要画出图形，线条基本平滑 2. 能熟练使用筷子 3. 能沿轮廓线剪出由曲线构成的简单图形，边线吻合且平滑 4. 能使用简单的劳动工具或用具

课件制作建议：

1. 小班健康领域课件在这个目标中可以根据活动主题，设计锻炼幼儿手指的动作协调性，比如，“涂色”、“我会用饭勺了”、“描图”、“雪花片”、“搭积木”等活动。

2. 中班健康领域课件在这个目标中可以设置难一些的动作，比如“剪纸”、“做泥人”、“我会用筷子”，“穿珠子”、“做饼干”等活动，让幼儿通过这些活动来达到锻炼手指灵活运用的目的，通过一些图片和动画播放效果表现出来，创造条件和机会，从而促进幼儿手指动作灵活协调性。

3. 大班健康领域课件在这个目标中可以设计特别活动，比如，“握笔写字”、“剪花”、“系鞋带”、“扣扣子”、“跳绳”等活动主题。让幼儿学会能够根据手指灵活性，完成动作协调的目的。注重在活动中培养幼儿的自我保护能力。引导幼儿注意活动安全，不要拿剪刀等锋利工具玩耍，用完后要放回原处。

4.1.3　生活习惯与生活能力

目标 1　具有良好的生活与卫生习惯

3~4 岁	4~5 岁	5~6 岁
1. 在提醒下，按时睡觉和起床，并能坚持午睡 2. 喜欢参加体育活动 3. 在引导下，不偏食、挑食，喜欢吃瓜果、蔬菜等新鲜食品 4. 愿意饮用白开水，不贪喝饮料 5. 不用脏手揉眼睛，连续看电视等不超过 15 分钟 6. 在提醒下，每天早晚刷牙、饭前便后洗手	1. 每天按时睡觉和起床，并能坚持午睡 2. 喜欢参加体育活动 3. 不偏食、挑食，不暴饮暴食，喜欢吃瓜果、蔬菜等新鲜食品 4. 常喝白开水，不贪喝饮料 5. 知道保护眼睛，不在光线过强或过暗的地方看书，连续看电视等不超过 20 分钟 6. 每天早晚刷牙、饭前便后洗手，方法基本正确	1. 养成每天按时睡觉和起床的习惯 2. 能主动参加体育活动 3. 吃东西时细嚼慢咽 4. 主动饮用白开水，不贪喝饮料 5. 主动保护眼睛。不在光线过强或过暗的地方看书，连续看电视等不超过 30 分钟 6. 每天早晚主动刷牙，饭前便后主动洗手，方法正确

课件制作建议：

1. 小班健康领域课件在这个目标中可以根据活动主题，设计让幼儿保持有规律的生活，养成良好的作息习惯，比如，“不挑食”、“早晚刷牙”、“保护五官”、“不乱挖耳朵”等活动。那么在课件制作过程中通过设置动画，视频和切换效果等让幼儿加深理解方式。

2. 中班健康领域课件在这个目标中可以让幼儿养成良好的个人卫生习惯，比如“预防龋齿”、“按时进餐”、“多喝白开水”，“饭后洗手”、“保护眼睛”等，通过一些图片和动画播放效果，帮助幼儿养成良好的饮食习惯，从而保持有规律的作息方式。

3. 大班健康领域课件在这个目标中可以设计激发幼儿参加体育活动的兴趣，比如，“两人三足”、“夹包跳”、“跳绳”等活动。鼓励幼儿和同伴一起开展体育活动，让幼儿学会能够根据身体平衡能力，完成动作协调的目的。结合活动内容对幼儿进行安全教育，培养他对体育活动的兴趣，注重养成锻炼身体的习惯活动。

目标 2　具有基本的生活自理能力

3~4 岁	4~5 岁	5~6 岁
1. 在帮助下能穿脱衣服或鞋袜 2. 能将玩具和图书放回原处	1. 能自己穿脱衣服、鞋袜、扣纽扣 2. 能整理自己的物品	1. 能知道根据冷热增减衣服 2. 会自己系鞋带 3. 能按类别整理好自己的物品

课件制作建议：

1. 小班健康领域课件在这个目标中可以根据活动主题，设计鼓励幼儿做力所能及的事情，比如，“我会擦屁股”、“小脚找朋友”、“洗手”等活动。对幼儿的尝试与努力给予肯定，不因做不好或做得慢而包办代替。

2. 中班健康领域课件在这个目标中可以设置，指导幼儿学习和掌握生活自理的基本方法，比如“睡姿正确”、“主动饮水”、“会叠衣服”等活动，让幼儿通过这些活动来达到锻炼自己的目的，通过一些图片和动画播放效果表现出来，创造条件和机会，从而促进幼儿适应社会的发展需求。

3. 大班健康领域课件在这个目标中可以设计特别活动，比如，“系鞋带”、“按时排便”、“清洗玩具”。让幼儿自觉地掌握生活自理方式，注重在活动中培养幼儿生活自理的条件。

目标 3　具备基本的安全知识和自我保护能力

3~4 岁	4~5 岁	5~6 岁
1. 不吃陌生人给的东西，不跟陌生人走 2. 在提醒下能注意安全，不做危险的事 3. 在公共场所走失时，能向警察或有关人员说出自己和家长的名字、电话号码等简单信息	1. 知道在公共场合不远离成人的视线单独活动 2. 认识常见的安全标志，能遵守安全规则 3. 运动时能主动躲避危险 4. 知道简单的求助方式	1. 未经大人允许不给陌生人开门 2. 能自觉遵守基本的安全规则和交通规则 3. 运动时能注意安全，不给他人造成危险 4. 知道一些基本的防灾知识

课件制作建议：

1. 小班健康领域课件在这个目标中可以根据活动主题，设计让幼儿感到安全的生活环境，比如，“不和陌生人说话”、“不爬阳台”、“不碰热水”、“过马路不乱跑”等活动。那么在课件制作过程中通过设置动画、视频和切换效果等让幼儿加深理解方式。为幼儿提供必要的保护措施。

2. 中班健康领域课件在这个目标中可以根据生活实际情况设置对幼儿的安全教育，比如“求救电话”、“认识安全标志”，“小小交通警察”、“走失怎么办?”等活动，通过一些图片和动画播放效果，帮助幼儿了解周围环境中不安全的事物，不做危险的事。一旦走失时知道向成人求助，并能提供必要信息。

3. 大班健康领域课件在这个目标中可以设计幼儿简单的自救和求救的方法，比如，“禁止下河游泳”、“地震自救方法”、“着火了怎么办?”等活动。可利用图书、音像等材料对幼儿进行逃生和求救方面的教育，并运用游戏方式模拟练习。结合活动内容对幼儿进行安全教育，幼儿园应定期进行火灾、地震等自然灾害的逃生演习。

4.2　案例：幼儿园小班健康领域《身体总动员》

幼儿在成长过程中，对于身体的各部分器官的作用比较好奇，尤其喜欢跑和走，为了让幼儿更好地认识自己身体各部位的作用，提高身体的协调能力，因而设计了“身体总动员”主题活动。

4.2.1　设计目标

通过此课件，幼儿可以达到如下目标：

1. 认识自己身体各部位的不同作用，提高身体的灵活性和身体动作的表现力。

2. 积极探索新的动作，独立或合作设计完成动作，发展创新技能。

3. 在活动中体验身体游戏的乐趣，培养互助合作的精神。

4.2.2 案例展示

4.2.3 制作课件

1. 制作母版

(1)封面封底母版。

【视图】—【幻灯片母版】，选择“标题幻灯片版式”，插入图片(如图4-1所示)，高：9厘米；宽：25.4厘米；放到幻灯片底部即可。

设置背景格式：渐变填充，第1个渐变光圈设置：水绿色，渐变颜色5，淡色60%，亮度60%；第2个渐变光圈设置：白色；第3个渐变光圈设置：浅绿色。

(2)内容页面。

【视图】—【幻灯片母版】，选择“空白版式”，插入编辑好的图片(如图4-2所示)，放置幻灯片顶部位置。插入图片(图4-3)放到底部位置。

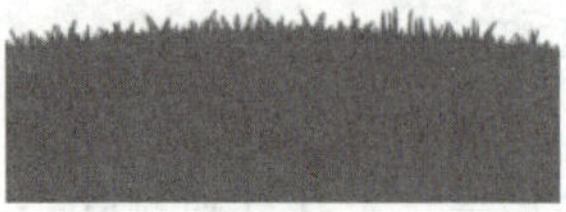

图4-1

图4-2

图4-3

(3)关闭母版。

2. 制作封面和封底

(1)【开始】—【新建】—选择“标题幻灯片”。

(2)插入艺术字，录入主题文字“身体”，字体设置为：华文琥珀；字号为：80磅；

文本颜色设置为：红色，强调文字颜色 2，淡色 80%；文本轮廓为：红色；录入主题文字“总动员”，字体设置为：微软雅黑；字号为：80 磅；文本填充设置为：红色；文本轮廓：橙色；将二者组合为一个整体，并设置为字形：加粗；文字效果：阴影。

(3) 设置文本动画效果为：进入动画-翻转式由远及近，与上一动画同时，持续时间 0. 1s。

(4) 插入文本框，录入文字“幼儿园小班健康领域活动”，字体设置为：宋体；字号设置为：24 磅；鼠标拖动放置页面左上角。

(5) 插入图片(如图 4-4 所示)，设置动画效果为：进入动画-飞入，自左侧，与上一动画同时，持续时间 0. 5s。

(6) 插入图片(如图 4-5 所示)，设置动画效果为：进入动画-上浮，与上一动画同时，持续时间 1s。

(7) 插入图片(如图 4-6 所示)，设置动画效果为：进入动画-圆形扩展，与上一动画同时，持续时间 2s；然后复制该图片 3 个，放到幻灯片下方合适的位置。

图 4-4

图 4-5

图 4-6

(8)【插入】—【形状】—选择云形并在页面中绘制，调整合适大小，填充：浅蓝(渐变，浅色变体，线性对角—右上到左下)；设置动画效果：进入动画—上浮，与上一动画同时，持续时间 1s；然后再复制 1 个，使二者重叠在一起。

(9) 制作封底页面，复制刚刚完成的页面，将文字修改为“小朋友再见”即可。

3. 设计导航页

(1) 在封面页之后，【开始】—【新建】—选择“空白版式”。

(2) 插入图片(如图 4-7 所示)，调整至合适大小，放置幻灯片下方；设置动画效果：进入动画—飞入，与上一动画同时。

(3)【插入】—【形状】—选择圆角矩形并在页面中绘制。

(4) 设置圆角矩形的高度和宽度分别是：2. 71 厘米和 5. 76 厘米；在【格式】中设置形状样式为：强烈效果—红色，强调颜色 2。

(5) 在圆角矩形上单击鼠标右键，选择【编辑文字】，录入文字“看一看”；字体设置为：华文新魏；字号设置为：32 磅；文本填充设置为：白色；设置动画效果：进入动画—圆形扩展，与上动画同时。

(6)插入图片(如图 4-8 所示)，调整至合适大小，放置圆角矩形前面。

图 4-7

图 4-8

(7)组合图片和圆角矩形。

(8)选中圆角矩形，单击鼠标右健，在弹出的菜单中选择“超链接”，在弹出的“编辑超链接”对话框中，选择左侧“本文档中的位置”，右侧列表框中选择“幻灯片 3”。

(9)按照上述步骤完成“认一认”、“玩一玩”几个步骤；按照图 4-9 所示效果摆放即可。

图 4-9

(10)“结束”按钮：【插入】—【形状】—选择圆角矩形并在页面中绘制合适大小，形状样式为：细微效果—紫色，强调颜色 4；单击鼠标右键，弹出菜单选择“编辑文字”命令，录入文字“结束”，幼圆，18 磅；选中圆角矩形，单击鼠标右健，在弹出的菜单中选择“超链接”，在弹出的“编辑超链接”对话框中，选择左侧“本文档中的位置”，右侧列表框中选择“幻灯片 13”即可。

4. 制作“看一看”部分内容

此部分内容是让幼儿通过观看视频，了解与身体各个部分相关的一些知识。

- 第 3 张幻灯片制作

(1)【插入】—【视频】—【文件中的视频】—选择视频插入。

(2)给视频设置“播放”动画。

(3)添加一个圆角矩形，大小设置为：高度 2 厘米，宽度 3.8 厘米；形状填充：水绿色，强调文字颜色 5，淡色 40%；形状效果：棱台—圆。

(4)在圆角矩形中添加“开始”文字，并在【选择窗格】中将圆角矩形的名称修改为“开始”，准备作为“开始”动画的控制按钮。

(5)打开【动画窗格】，选择“开始”动画效果，选择【触发】—再选择单击“开始”即可。

(6)重复以上 5 个步骤，分别完成暂停和结束按钮的设置。

(7)页面左上角添加“看一看”图形。

- 第 4 张幻灯片制作

(1)【开始】—【新建】—选择“空白版式”。

(2)插入图片(如图 4-10 所示)，调整至合适大小，放置幻灯片右方；设置动画效果：进入动画—缩放，与上一动画同时。

图 4-10

(3)【插入】—【形状】—选择云形标注并在页面中绘制，调整合适大小，形状填充：浅绿；形状轮廓：白色；然后在图形中录入文字“视频中你看到了什么?”，设置字体：楷体；字号：32 磅；字体颜色：橙色，强调文字颜色 6，深色 25%；加粗；阴影。

(4)设置动画效果：进入动画—上浮，与上一动画同时。

5. 制作“认一认”部分内容

此部分内容是让幼儿了解身体的各个部分，热爱运动。

- 第 5 张幻灯片制作

(1)【开始】—【新建】—选择“空白版式”。

(2)插入图片(如图 4-11 所示)，调整至合适大小，放置幻灯片中间。

(3)插入图片(图 4-12、图 4-13、图 4-14、图 4-15、图 4-16)，放置在图 4-11 上方对应的位置。

图 4-11

图 4-12

图 4-13

图 4-14

图 4-15

图 4-16

(4)设置图 4-12 动画效果：动作路径—向下，与上一动画同时，持续时间 2s，动画条目设置【触发器】，触发对象为图 4-12。

(5)设置图 4-13 动画效果：动作路径—向下，与上一动画同时，持续时间 2s；强调动画—放大缩小，与上一动画同时；2 条动画条目设置【触发器】，触发对象为图 4-13。

(6)剩下图片动画效果操作与第(5)步骤相似。最终完成效果图如图 4-17 所示。

图 4-17

- 第 6 张幻灯片制作

(1)【开始】—【新建】—选择“空白版式”。

(2)【插入】—【文本框】—选择竖排文本框，并录入文字“摸摸脑袋”，字体：楷体；字号：28 磅；字体颜色：红色；放到幻灯片右侧位置。

(3)插入图片(如图 4-12)，调整到幻灯片中间位置，设置动画效果：进入动画—圆形扩展，与上一动画同时。

(4)插入图片(如图 4-13)，调整到图 4-12 右上方位置，设置动画效果：进入动画—淡出，与上一动画同时；路径动画—圆形扩展，与上一动画同时，持续时间 2s。

(5)【插入】—【文本框】—选择横排文本框，并录入文字“圆圆”，字体：幼圆；字号：36 磅；字体颜色：浅蓝；放到幻灯片底部位置。设置动画效果：进入动画—上浮，与上一动画同时。

- 第 7 张幻灯片制作

(1)【开始】—【新建】—选择“空白版式”。

(2)【插入】—【文本框】—选择竖排文本框，并录入文字“摸摸脑袋”，字体：楷体；字号：28 磅；字体颜色：红色；放到幻灯片右侧位置。

(3)插入图片(如图 4-18)，调整到幻灯片中间位置，设置动画效果：进入动画—劈裂，方向：左右向中央收缩，与上一动画同时。

(4)插入图片(如图 4-13)，调整到图 4-18 上方对应位置，设置动画效果：进入动画—淡出，与上一动画同时；路径动画—向下，与上一动画同时，持续时间 2s；强调动画—放大缩小，与上一动画同时。

图 4-18 动画设置效果同第(4)步骤。

(5)调整动画条目的摆放顺序，如图 4-20 所示。

图 4-18

图 4-19

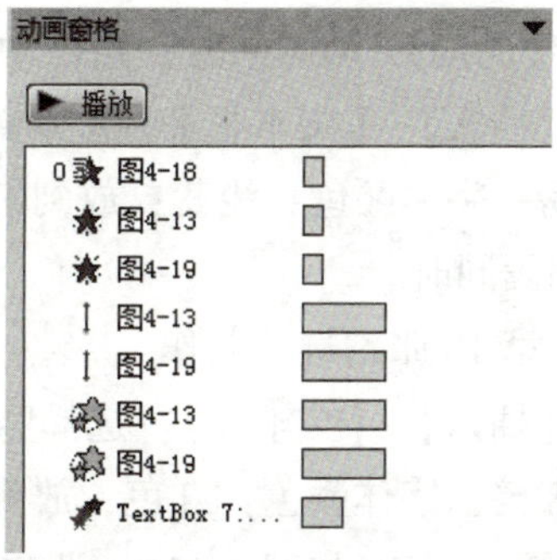

图 4-20

(6)【插入】—【文本框】—选择横排文本框，并录入文字“啪啪”，字体：幼圆；字号：36 磅；字体颜色：浅蓝；放到幻灯片底部位置。设置动画效果：进入动画—上浮，与上一动画同时。

- 第 8 张幻灯片制作

(1)【插入】—【文本框】—选择竖排文本框，并录入文字“摸摸肚子”，字体：楷体；字号：28 磅；字体颜色：红色；放到幻灯片右侧位置。

(2)插入图片(如图 4-14)，调整到幻灯片中间位置，设置动画效果：进入动画—轮子，与上一动画同时。

（3）插入图片（如图 4-19），调整到图片 4-14 上方中间位置，设置动画效果：进入动画—淡出，与上一动画同时；路径动画—圆形扩展，方向：圆，与上一动画同时。

（4）【插入】—【文本框】—选择横排文本框，并录入文字“软软”，字体：幼圆；字号：36 磅；字体颜色：浅蓝；放到幻灯片底部位置。设置动画效果：进入动画—上浮，与上一动画同时。

- 第 9 张幻灯片制作

（1）【插入】—【文本框】—选择竖排文本框，并录入文字“踩踩小脚”，字体：楷体；字号：28 磅；字体颜色：红色；放到幻灯片右侧位置。

（2）插入图片（如图 4-21），调整到幻灯片中间位置。

图 4-21

（3）插入图片（如图 4-16），调整到图片 4-21 上方脚的位置，设置动画效果：进入动画—淡出，与上一动画同时；路径动画—自定义路径，与上一动画同时。

（4）【插入】—【文本框】—选择横排文本框，并录入文字“哒哒”，字体：幼圆；字号：36 磅；字体颜色：浅蓝；放到幻灯片底部位置。设置动画效果：进入动画—上浮，与上一动画同时。

- 第 10 张幻灯片制作

（1）【插入】—【文本框】—选择竖排文本框，并录入文字“扭扭屁股”，字体：楷体；字号：28 磅；字体颜色：红色；放到幻灯片右侧位置。

（2）插入图片（如图 4-15），调整到幻灯片中间位置；设置动画效果：进入动画—旋转，与上一动画同时；强调动画—跷跷板，与上一动画同时。

（3）【插入】—【文本框】—选择横排文本框，并录入文字“笑哈哈”，字体：幼圆；字号：36 磅；字体颜色：浅蓝；放到幻灯片底部位置。设置动画效果：进入动画—上浮，与上一动画同时。

- 第 11 张幻灯片制作

（1）插入图片（如图 4-10 所示），翻转调整至合适大小，放置幻灯片左侧，水平翻转；设置动画效果：进入动画—缩放，与上一动画同时。

（2）【插入】—【形状】—选择云形标注并在页面中绘制，调整合适大小，形状填充：浅绿；形状轮廓：白色；然后在图形中录入文字“都认识了吗？我们一起来玩游戏吧！”，设置字体：楷体；字号：32 磅；字体颜色：橙色，强调文字颜色 6，深色 25%；

加粗；阴影；设置动画效果：进入动画—圆形扩展(放大)，与上一动画同时。

6. 制作“玩一玩”部分内容

(1)【开始】—【新建】—选择“空白版式”。

(2)【插入】—【文本框】—选择竖排文本框，并录入文字“跟着音乐动起来吧!”，字体：幼圆；字号：32 磅；字体颜色：浅绿；放到幻灯片右侧位置。

(3)【插入】—【音频】—【文件中的音频】—选择音频插入。

(4)给音频设置播放动画。

(5)插入图片(如图 4-22)，调整到幻灯片中间位置；设置动画效果：强调动画—闪烁，与上一动画同时，持续时间 0.1s。

图 4-22

(6)插入图片(如图 4-22)，调整到幻灯片中间偏右位置，水平翻转，设置动画效果：强调动画—闪烁，与上一动画同时，持续时间 0.1s，延迟 0.5s。

7. 设置切换效果

幻灯片切换效果可以让课件看起来更加具有动态效果，但是在一个课件中，切换效果要适量，不宜过多。

切换效果设置步骤：

(1)按下 Shift 键，同时选中首页和尾页，设置为“涟漪”切换效果。

(2)选中导航页，设置为“擦除”切换效果，【效果选项】设置为“自顶部”。

(3)其他页面可以设置不同的切换效果，但整个课件的切换效果最好不要超过 5 个，每个环节的切换效果尽量保持一致，但【效果选项】可以不一样。

(4)保存文档,《身体总动员》课件制作完成。

点评：

科学性：课件具有较高的科学性，内容科学、规范、无错误，课件属于幼儿园小班健康领域课件，从课件中涉及的内容来看，符合《3—6 岁儿童学习与发展指南》。

教学性：课件教学内容涉及完整，主题符合幼儿园保教活动的主题要求，作者从导入(看一看)、学习(认一认)、巩固(玩一玩)三个层次递进完成课件制作，并且都是从幼儿的角度出发，比如第一环节导入是让幼儿“看一看”他们喜欢的动画片视频，通过视频了解要学习的内容“身体的各个部位”，再用“认一认”环节激发幼儿对未知环节的兴趣，学习环节再用“玩一玩”全身运动的方式，让幼儿了解身体的各个部分，进一步巩固所学的知识。整个过程循序渐进，充满童趣，让幼儿在愉快的情境中完成了学习。

技术性：课件中使用了触发器、切换效果、各种动画效果，对给定的素材进行了必要的处理，并且效果很好；课件互动性比较强，操作简单、快捷、结构合理、演示流畅，能较好地服务于保教活动。

艺术性：课件风格统一，色彩协调，画面设计清晰、新颖、富有童趣，符合幼儿的审美特点。

4.3 案例：幼儿园中班健康领域《着火了怎么办》

自然灾害中发生频率最高的莫过于火灾，火灾可以无情地破坏大自然宝贵的资源，夺走人的生命，然而对于火灾，幼儿缺乏相应的知识和防火应急能力，为增强幼儿防火意识，提高幼儿防火能力，根据中班幼儿年龄特点和认知规律，设计了“着火了怎么办”主题活动。

4.3.1 设计目标

通过此课件，幼儿可以达到如下目标：

1. 能够认真观察图形，教育幼儿遇到紧急情况不要慌张。
2. 培养幼儿基本的防火意识与能力。
3. 使幼儿初步掌握基本的安全防火，学会简单的自我保护方法。

4.3.2 案例展示

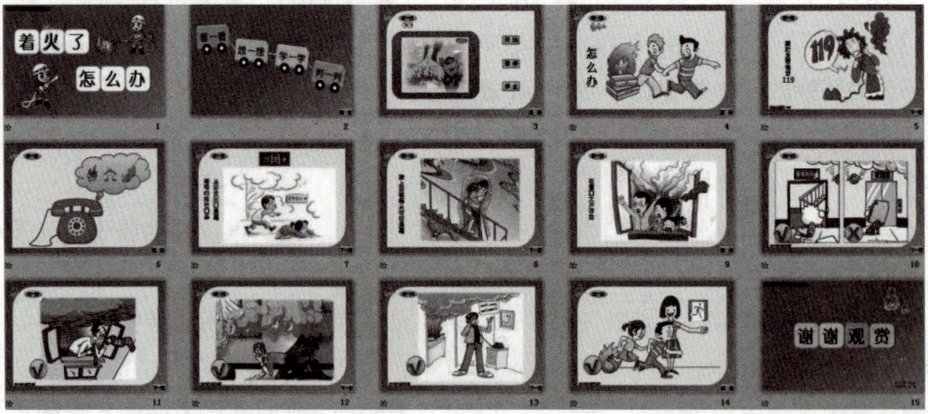

4.3.3 制作课件

1. 制作母版

(1)封面封底母版。

a.【设计】—【页面设置】—幻灯片大小：全屏显示 16∶10。

b.【视图】—【幻灯片母版】，选择“标题幻灯片版式”，设置背景格式：渐变填充，第 1 个渐变光圈设置：红色，强调文字颜色 2，淡色 40%；第 2 个渐变光圈设置：红色，强调文字颜色 2，淡色 40%，亮度 40%；设置“全部应用”幻灯片上。

“空白版式”也同样设计成和“标题幻灯片版式”相同。

(2)内容页面。

a.【视图】—【幻灯片母版】，选择 “标题内容版式”。

b.【插入】—【形状】—选择“对角圆角矩形”并在页面中绘制，调整合适大小，放到幻灯片中页面，位置：左右居中，上下居中；形状填充：白色；形状轮廓：无轮廓。

图 4-23

c. 插入图片(如图 4-23 所示)，高：2. 31 厘米；宽：2. 16 厘米；放到幻灯片左上角的位置。

(3)关闭母版

2. 制作封面和封底

- 封面制作

(1)【开始】—【新建】—选择“标题幻灯片”。

(2)【插入】—【形状】—选择“圆角矩形”并在页面中绘制，调整合适大小，高：3. 66 厘米；宽：4. 07 厘米；形状填充：白色；形状轮廓：无轮廓。

(3)【插入】—【文本框】—选择“横排文本框”并在页面中绘制合适大小，输入文字：“着火了怎么办”，字体：幼圆；字号：72 磅；字体颜色：黑色。

(4)选中“圆角矩形”和“文本框”，对齐方式设置：左右居中，上下居中，然后组合为一个整体；设置动画效果：进入动画—弹跳，与上一动画同时；强调动画—跷跷板，与上一动画同时，重复 3 次。

(5)其余文字设置效果，重复第(2)到第(4)步骤即可。

(6)插入图片(如图 4-23 所示)，放到“火”字上方位置，设置动画效果为：进入动画—淡出，与上一动画同时，持续时间 1. 2s，延迟 2s；强调动画—脉冲，与上一动画同时，持续时间 0. 5s，延迟 2s。

(7)插入图片(如图 4-24 所示)，放到幻灯片左下侧位置，设置动画效果为：进入动画—上浮，与上一动画同时，持续时间 1s，延迟 3s。

(8)图 4-25 动画设置方法同第(7)步骤。

图 4-24

图 4-25

(9)插入文本框，录入文字“幼儿园中班健康领域活动”，字体设置为：幼圆；字号设置为：18 磅；鼠标拖动放置页面左上角。

- 封底制作

(1)插入图片(如图 4-23 所示)，放到幻灯片右上方位置，设置动画效果为：进入动画—淡出，与上一动画同时，持续时间 1.2s，延迟 0.5s；强调动画—脉冲，与上一动画同时，持续时间 1.2s，延迟 0.5s。

(2)【插入】—【形状】—选择“圆角矩形”并在页面中绘制，调整合适大小，高：3.66 厘米；宽：4.07 厘米；形状填充：橙色；形状轮廓：无轮廓。

(3)【插入】—【文本框】—选择“横排文本框”并在页面中绘制合适大小，输入文字：“谢谢观赏”，字体：幼圆；字号：72 磅；字体颜色：黑色。

(4)选中“圆角矩形”和“文本框”，对齐方式设置：左右居中，上下居中，然后组合为一个整体；设置动画效果：进入动画—随机线条，与上一动画同时；强调动画—跷跷板，与上一动画同时，重复 3 次。

(5)其余文字设置效果，重复第(2)到第(4)步骤即可。

(6)插入图片(如图 4-26 所示)，放到幻灯片左侧外面，设置动画效果为：路径动画—自定义路径，与上一动画同时，持续时间 2s；强调动画—脉冲，与上一动画同时，持续时间 1s。

图 4-26

3. 设计导航页

(1)在封面页之后，【开始】—【新建】—选择“标题版式”。

(2)【插入】—【形状】—选择“单圆角矩形”并在页面中绘制。

(3)设置单圆角矩形的高度和宽度分别是：3. 13 厘米和 5. 28 厘米；在【格式】中设置形状填充：橙色，强调颜色 6，淡色 40%；形状轮廓：无轮廓；形状效果：棱台—圆。

(4)【插入】—【文本框】—选择“横排文本框”并在页面中绘制合适大小，输入文字：“看一看”，字体：幼圆；字号：40 磅；字体颜色：黑色。

(5)选中“单圆角矩形”和“文本框”，对齐方式设置：左右居中，上下居中，然后组合为一个整体。

(6)【插入】—【形状】—选择“椭圆”并在页面中绘制，按住 Shift 键画一个大圆，填充为黑色，无轮廓；再绘制一个小圆，填充为白色，轮廓：黑色；同时选中二者，对齐方式：左右居中，上下居中，小圆位于大圆上方，组合为一个整体。

(7)将第(5)和第(6)两个图形再次组合到一起为一个整体。

(8)选中该整体，单击鼠标右健，在弹出的菜单中选择“超链接”，在弹出的“编辑超链接”对话框中，选择左侧“本文档中的位置”，右侧列表框中选择“幻灯片 3”。

(9)按照上述步骤完成“想一想”、“学一学”、“判一判”几个步骤。

(10)最终完成效果，如图 4-27 所示。

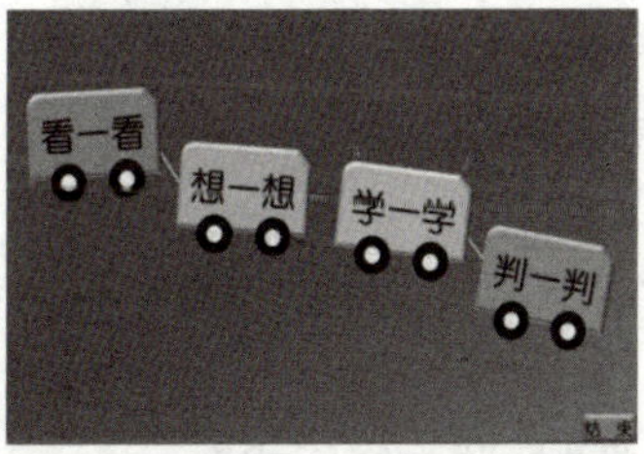

图 4-27

4. 制作“看一看”部分内容

此部分内容是让小朋友通过观看视频，了解与火相关的一些知识。

(1)【插入】—【视频】—【文件中的视频】—选择视频插入。

(2)给视频设置“播放”动画。

(3)添加一个圆角矩形，大小设置为：高度 1. 28 厘米，宽度 2. 92 厘米；形状样式设置为：细微效果—红色，强调颜色 2。

(4)在圆角矩形中添加“开始”文字，并在【选择窗格】中将圆角矩形的名称修改为“开始”，准备作为“开始”动画的控制按钮。

(5)打开【动画窗格】，选择“开始”动画效果，选择【触发】—再选择单击“开始”即可。

(6)重复以上5个步骤，分别完成暂停和停止动画的设置。

(7)页面左上角添加“看一看”图形。

5. 制作“想一想”部分内容

(1)【开始】—【新建】—选择“标题内容版式”。

(2)插入图片(如图4-28所示)，放到幻灯片中间偏右位置，高：12.07厘米，宽：18.23厘米；设置动画效果为：进入动画—缩放，与上一动画同时。

图4-28

(3)【插入】—【文本框】—选择“竖排文本框”并在页面中绘制合适大小，输入文字内容：怎么办，字体：幼圆；字号：48磅；字体颜色：黑色；放到幻灯片左侧位置；设置动画效果：进入动画—圆形扩展，上一动画之后。

(4)页面左上角添加“想一想”图形。

6. 制作“学一学”部分内容

此部分的内容主要是承上启下，从视频中提取出与本次活动相关的内容。

- 第5张幻灯片制作

(1)【开始】—【新建】—选择“标题内容版式”。

(2)插入图片(如图4-29所示)，放到幻灯片中间位置，高：14厘米，宽：14.26厘米；设置动画效果为：进入动画—圆形扩展，与上一动画同时。

图4-29

(3)【插入】—【文本框】—选择“竖排文本框”并在页面中绘制合适大小，输入文字：“拨打火警电话”，字体：幼圆；字号：24 磅；字体颜色：黑色；放到幻灯片左侧位置；然后再【插入】—【文本框】—选择“横排文本框”并在页面中绘制合适大小，输入文字内容：119；将两个文本框组合为一个整体；设置动画效果：进入动画—随机线条，与上一动画同时，延迟 2s。

(4)插入图片(如图 4-30 所示)，放到图 4-29 的 119 位置上方；设置动画效果为：进入动画—淡出，上一动画之后；强调动画—跷跷板，与上一动画同时，延迟 0.5s。

图 4-30

(5)【插入】—【文本框】—选择“横排文本框”并在页面中绘制合适大小，输入文字：“请点击图片 119”，字体：幼圆；字号：14 磅；放到幻灯片左侧底部位置。

(6)页面左上角添加“学一学”图形。

- 第 6 张幻灯片制作

(1)插入图片(如图 4-31 所示)，放到幻灯片中间位置，高：7.13 厘米，宽：12.1 厘米；设置动画效果为：进入动画—淡出，上一动画之后。

(2)【插入】—【形状】—选择“云形标注”并在页面中绘制合适大小，形状样式：细微效果—红色，强调颜色 2。

(3)插入图片(图 4-32、图 4-33、图 4-34)，放到“云形标注”图形中间位置；图片依次设置动画效果为：进入动画—弹跳，开始方式：第一张图设置：上一动画之后，剩余 2 张图设置：与上一动画同时。

图 4-31

图 4-32

图 4-33

图 4-34

- 第 7 张幻灯片制作

(1)插入图片(如图 4-35 所示)，放到幻灯片中间位置，高：11.4 厘米，宽：18.36

厘米；设置动画效果为：进入动画—圆形扩展，与上一动画同时。

(2)【插入】—【文本框】—选择“竖排文本框”并在页面中绘制合适大小，输入文字：“从安全出口逃离”和“用毛巾捂住口鼻”，字体：幼圆；字号：24 磅；放到幻灯片左侧位置；设置动画效果：进入动画—随机线条，与上一动画同时。

(3)插入图片(如图 4-36 所示)，放到幻灯片上方位置；设置动画效果为：进入动画—随机线条，与上一动画同时。

图 4-35

图 4-36

- 第 8、9 张幻灯片制作方法同上。

7. 制作“判一判”部分内容

此部分内容是让小朋友善于思考，学会判断日常生活中的一些知识。

- 第 10 张幻灯片制作

(1)插入图片(图 4-37、图 4-38)，放到幻灯片中间位置，高：11.61 厘米，宽：10 厘米；设置动画效果为：进入动画—圆形扩展，与上一动画同时。

图 4-37

图 4-38

图 4-39

图 4-40

(2)【插入】—【形状】—选择“椭圆”，按住 Shift 键在页面中绘制 2 个合适大小的圆，形状样式：细微效果—红色，强调颜色 2。

(3)插入图片(图 4-39、图 4-40)，放到椭圆上方，组合为一个整体；分别命名为“对勾”和“叉”；设置动画效果：单击时进入动画—缩放。

(4)“对勾”和“叉”，下拉动画效果选项中分别触发对象设置为“图 4-37”和“图 4-38”。

(5)【插入】—【文本框】—选择“横排文本框”并在页面中绘制合适大小，输入文字：“点击图片进行判断”和“用毛巾捂住口鼻”，字体：幼圆；字号：12 磅；放到幻灯片左侧底部，调整合适大小。

(6)完整效果如图 4-41 所示。

图 4-41

- 第 11 张幻灯片制作

(1)插入图片(图 4-42)，放到幻灯片中间位置，高：12.05 厘米，宽：15.62 厘米；设置动画效果为：进入动画—圆形扩展，与上一动画同时。

(2)复制第 10 张幻灯片中的“对勾”图形，放到图片左下角；设置动画效果为：进入动画—缩放，单击时；效果选项—计时—触发对象为图 4-42。

图 4-42

(3)【插入】—【文本框】—选择“横排文本框”并在页面中绘制合适大小，输入文字：“点击图片进行判断”和“用毛巾捂住口鼻”，字体：幼圆；字号：12 磅；放到幻灯片左侧底部，调整合适大小。

- 第 12、13、14 张幻灯片制作方法同上。

温馨提示：

课件制作过程中需要用到大量的图片，很多图片是之前处理好且使用过的，后面如果再次使用，直接粘贴复制即可，不需要再次插入和处理。

点评：

科学性：课件具有较高的科学性，内容科学、规范、无错误，课件属于幼儿园中班健康领域课件，从课件中涉及的内容来看，符合《3—6岁儿童学习与发展指南》。

教学性：课件教学内容涉及完整，主题符合幼儿园保教活动的主题要求，作者从导入(看一看、想一想)、学习(学一学)、巩固(判一判)三个层次递进完成课件制作，并且都是从幼儿的角度出发，比如第一环节导入是让幼儿“看一看”他们喜欢的动画片视频，通过视频了解要学习的内容“着火了怎么办”，再用“想一想”环节激发幼儿对未知环节的兴趣，学习环节用“学一学”看图片的方式，让幼儿了解火灾发生时的处理办法，巩固和拓展环节通过让幼儿“判一判”，进一步巩固所学的知识，整个过程循序渐进，充满童趣，让幼儿在愉快的情境中完成了学习。

技术性：课件中使用了触发器、切换效果、各种动画效果，对给定的素材进行了必要的处理，并且效果很好；课件互动性比较强，操作简单、快捷、结构合理、演示流畅，能较好地服务于保教活动。

艺术性：课件风格统一，色彩协调，画面设计清晰、新颖、富有童趣，符合幼儿的审美特点。

第五章　语言领域课件

5.1　关于语言领域

《3—6 岁儿童学习与发展指南》对于幼儿语言的要求十分明确，《指南》指出，语言是交流和思维的工具。幼儿期是语言发展，特别是口语发展的重要时期。幼儿语言的发展贯穿于各个领域，也对其他领域的学习与发展有着重要的影响：幼儿在运用语言进行交流的同时，也在发展着人际交往能力、理解他人和判断交往情境的能力、组织自己思想的能力。通过语言获取信息，幼儿的学习逐步超越个体的直接感知。

幼儿的语言能力是在交流和运用的过程中发展起来的。应为幼儿创设自由、宽松的语言交往环境，鼓励和支持幼儿与成人、同伴交流，让幼儿想说、敢说、喜欢说并能得到积极回应。为幼儿提供丰富、适宜的低幼读物，经常和幼儿一起看图书、讲故事，丰富其语言表达能力，培养阅读兴趣和良好的阅读习惯，进一步拓展学习经验。

幼儿的语言学习需要相应的社会经验支持，应通过多种活动扩展幼儿的生活经验，丰富语言的内容，增强理解和表达能力。应在生活情境和阅读活动中引导幼儿自然而然地产生对文字的兴趣，用机械记忆和强化训练的方式让幼儿过早识字不符合其学习特点和接受能力。

5.1.1　幼儿倾听与表达能力

目标 1　认真听并能听懂常用语言

3~4 岁	4~5 岁	5~6 岁
1. 别人对自己说话时能注意听并做出回应 2. 能听懂日常会话	1. 在群体中能有意识地听与自己有关的信息 2. 能结合情境感受到不同语气、语调所表达的不同意思 3. 方言地区和少数民族幼儿能基本听懂普通话	1. 在集体中能注意听老师或其他人讲话 2. 听不懂或有疑问时能主动提问 3. 能结合情境理解一些表示因果、假设等相对复杂的句子

课件制作建议：

1. 小班语言领域课件在这个目标中可以根据活动目标设计一些日常简单的会话，

比如日常用语："我去上学啦"、"爸爸妈妈再见"、"老师好"、"放学啦"、"老师再见"等会话。比如可以设置动画"爸爸妈妈把小东送到幼儿园，小东对爸爸妈妈说'爸爸妈妈再见'"等类似的场景。

2. 中班语言领域课件在这个目标中可以设置一些不同的情境，让幼儿感受不同情境中不同语气、语调所表达出来的不同意思。比如可以设置动画"小胖调皮，被老师批评了，小胖跟老师承认错误'老师我错了'"的场景，"小丽今天过生日，小朋友跟小丽说'生日快乐'"等类似的不同情绪的情境。

3. 大班语言领域课件在这个目标中可以设计一些给定情境，描述为什么会出现这个情境等相对来说比较复杂，需要思考才能完成的语言。比如设置"小公鸡今天上学的时候带了一把雨伞，为什么呢?"类似的情境。

目标 2　愿意讲话并能清楚地表达

3~4 岁	4~5 岁	5~6 岁
1. 愿意在熟悉的人面前说话，能大方地与人打招呼 2. 基本会说本民族或本地区的语言 3. 愿意表达自己的需要和想法，必要时能配以手势动作 4. 能口齿清楚地说儿歌、童谣或复述简短的故事	1. 愿意与他人交谈，喜欢谈论自己感兴趣的话题 2. 会说本民族或本地区的语言，基本会说普通话。少数民族聚居地区幼儿会用普通话进行日常会话 3. 能基本完整地讲述自己的所见所闻和经历的事情 4. 讲述比较连贯	1. 愿意与他人讨论问题，敢在众人面前说话 2. 会说本民族或本地区的语言和普通话，发音正确清晰。少数民族聚居地区幼儿基本会说普通话 3. 能有序、连贯、清楚地讲述一件事情 4. 讲述时能使用常见的形容词、同义词等，语言比较生动

课件制作建议：

1. 小班语言领域课件在这个目标中一般会根据主题多设置一些儿歌、童谣，或者是一些简短的故事，尽量用动画的形式呈现出这些内容。比如"小兔子蹦蹦跳跳"，就配小兔子蹦蹦跳跳的动画，"小公鸡喔喔叫"就配小公鸡的打鸣音频等。

2. 中班语言领域课件在这个目标中应该多设置一些让幼儿多说的环节，比如看着一张图或者一组动画，让幼儿用语言描述出来。比如展示一幅"下雨了，小白兔和小公鸡没有带雨伞"的场景，让幼儿对场景进行描述。

3. 大班语言领域课件在这个目标中尽量多设置一些让幼儿多说的环节，比如给一张太阳的图片或者动画，让幼儿用不同的形容词、同义词等描述，或者用开心的、悲伤的等不同的情感来描述。

目标 3　具有文明的语言习惯

3~4 岁	4~5 岁	5~6 岁
1. 与别人讲话时知道眼睛要看着对方 2. 说话自然，声音大小适中 3. 能在成人的提醒下使用恰当的礼貌用语	1. 别人对自己讲话时能回应 2. 能根据场合调节自己说话声音的大小 3. 能主动使用礼貌用语，不说脏话、粗话	1. 别人讲话时能积极主动地回应，能根据谈话对象和需要，调整说话的语气 2. 懂得按次序轮流讲话，不随意打断别人 3. 能依据所处情境使用恰当的语言。如在别人难过时会用恰当的语言表示安慰

课件制作建议：

1. 小班语言领域课件要完成这一目标，应该在动画设置中多加入一些正确交流方式的体态语言动画，多设置一些常用的礼貌用语，如“请”“谢谢”“你好”“对不起”等。比如“小明早上到了幼儿园，看到了跳跳老师，他跟跳跳老师说‘早上好’”等类似的场景。

2. 中班语言领域课件要完成这一目标，应该在课件中设置“请原谅”“请稍等”“别客气”“不用谢”“没关系”“祝您一路顺风”等稍微有点难度的用语，比如“小花猫要去旅游了，其他小动物要跟它说‘祝你一路顺风’”等类似的场景。

3. 大班语言领域课件要完成这一目标，课件中可以多设置情境，让幼儿自己思考应该用什么样的语言来表达。比如“小猴子帽子丢了，它很难过，我们应该跟它说什么”等类似的场景。

5.1.2　幼儿阅读与书写能力

目标 1　喜欢听故事，看图书

3~4 岁	4~5 岁	5~6 岁
1. 主动要求成人讲故事、读图书 2. 喜欢跟读韵律感强的儿歌、童谣 3. 爱护图书，不乱撕、乱扔	1. 反复看自己喜欢的图书 2. 喜欢把听过的故事或看过的图书讲给别人听 3. 对生活中常见的标识、符号感兴趣，知道它们表示一定的意义	1. 专注地阅读图书 2. 喜欢与他人一起谈论图书和故事的有关内容 3. 对图书和生活情境中的文字符号感兴趣，知道文字表示一定的意义

课件制作建议：

1. 小班语言领域课件要完成这一目标，应该在给幼儿讲故事、读图书之前或者同时，播放一些韵律感强的儿歌，可以反复多次播放。

2. 中班语言领域课件要完成这一目标，可以用图片的形式在课件中展示一些图书中的画面，让幼儿尝试进行讲解；对生活中常见的符号、标识能够使用动画或其他形式突出显示，也可以用动画的形式解释这些标识和符号所表达的意义。

3. 大班语言领域课件要完成这一目标，可以在课件中展示一些图片，让小朋友们描述和讨论，可以通过动画或者其他形式，教授一些简单的文字。

目标2 具有初步的阅读理解能力

3~4 岁	4~5 岁	5~6 岁
1. 能听懂短小的儿歌或故事 2. 会看画面，能根据画面说出图中有什么，发生了什么事等 3. 能理解图书上的文字是和画面对应的，是用来表达画面意义的	1. 能大体讲出所听故事的主要内容 2. 能根据连续画面提供的信息，大致说出故事的情节 3. 能随着作品的展开产生喜悦、担忧等相应的情绪反应，体会作品所表达的情绪情感	1. 能说出所阅读的幼儿文学作品的主要内容 2. 能根据故事的部分情节或图书画面的线索猜想故事情节的发展，或续编、创编故事 3. 对看过的图书、听过的故事能说出自己的看法 4. 能初步感受文学语言的美

课件制作建议：

1. 小班语言领域课件要完成这一目标，应该使用课件给幼儿展示一些简单的画面，让幼儿用语言进行描述，说出途中有什么，发生了什么事情等。比如可以展示“过生日”的图片，让幼儿描述“谁在过生日，谁都来做客了，都带了什么礼物”等。

2. 中班语言领域课件要完成这一目标，可以使用课件展示一组连续画面的图片，让幼儿尝试完整地描述出来。比如展示《安全走路》的一组图片，让幼儿尝试自己描述，并且能够重点说出过马路要注意什么。

3. 大班语言领域课件要完成这一目标，可以在课件中展示一些图片，让小朋友们描述和讨论，可以通过动画或者其他形式，教授一些简单的文字。

目标3 具有书面表达的愿望和初步技能

3~4 岁	4~5 岁	5~6 岁
1. 喜欢用涂涂画画表达一定的意思	1. 愿意用图画和符号表达自己的愿望和想法 2. 在成人提醒下，写写画画时姿势正确	1. 愿意用图画和符号表现事物或故事 2. 会正确书写自己的名字 3. 写画时姿势正确

课件制作建议：

1. 小班语言领域课件要完成这一目标，可以使用课件展示一些实物，让幼儿通过观察了解这些实物的特征，再让他们自己涂鸦，可以帮助幼儿快速把握住物体的特征。

2. 中班语言领域课件要完成这一目标，可以在课件中展示符号和对应的图片，让幼儿了解符号的意义，再让幼儿尝试使用符号和图画表达自己的愿望和想法。课件中可以适当添加一些不正确的写画姿势并讲解其带来的危害。

3. 大班语言领域课件要完成这一目标，可以通过动画或者其他形式，教授一些简单的文字，多展示一些不正确的写画姿势并讲解其带来的危害。

5.2 案例：幼儿园大班语言领域《小船悠悠》

大班的幼儿对语言能力的要求相对中班小班比较高，一般要求能说出阅读过或听过的故事的主要内容，并且能根据故事的部分情节或图书画面的线索猜想故事情节的发展，或续编、创编故事，能对看过的图书、听过的故事能说出自己的看法。借助多媒体，将书上的内容加上有趣的动画直观展示，能够帮助幼儿更形象地对故事内容进行理解，激发幼儿表达的欲望。

5.2.1 设计目标

通过此课件的学习，幼儿可以达到如下目标：

1. 能够认真观察图片，大胆想象并讲述图片内容。
2. 能够根据故事内容创编“谁坐着什么做成的小船去给乌龟爷爷过生日”。
3. 感受动物之间相互关爱、团结友好的美好情感。

5.2.2 案例展示

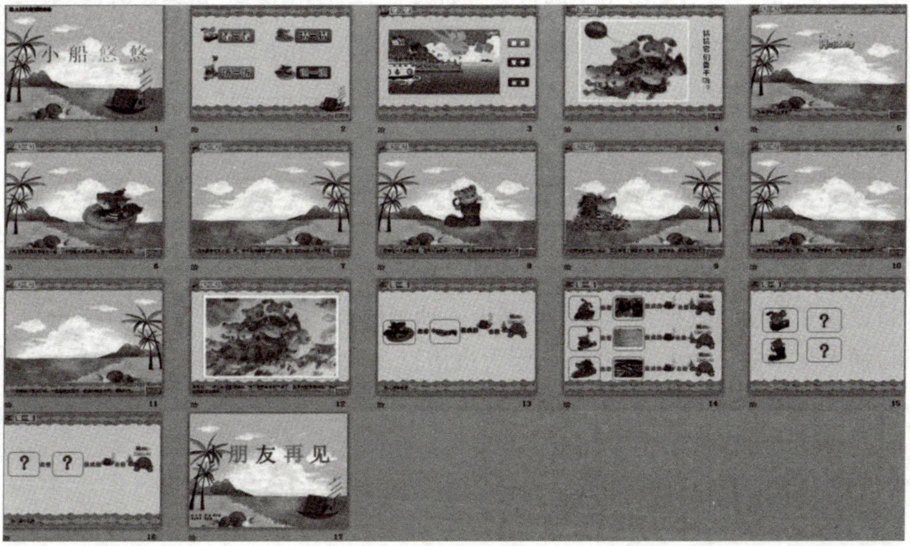

5.2.3 制作课件

1. 制作母版

幻灯片的母版是确定这个课件的主题风格，母版设计的成功与否和课件的成功与否有很大的关系。

(1)标题页和结束页母版。

【视图】—【幻灯片母版】，选择“标题幻灯片版式”，插入图片(如图 5-1 所示)，调整至页面大小即可。

(2)内容页面。

【视图】—【幻灯片母版】，选择“空白版式”，插入编辑好的图片(如图 5-2 所示)，放置合适位置。

图 5-1

图 5-2

(3)关闭母版。

2. 制作标题页和结束页

标题页也是封面，是一个课件的“脸面”，一个课件给学习者的第一印象是从封面获取的，通过封面，学习者可以了解这个课件将要学习的内容，和它所对应的领域和年龄层次。封底是一个课件结尾，好的结尾会给人留下深刻的印象。

“小船悠悠”是和船相关的活动，所以通过标题页就可以让学习者了解到这一点，而且，精美的页面会有让学习者想要看下去的欲望。

(1)【开始】—【新建】—选择如图 5-1 所示的“标题幻灯片”。

(2)插入文本框，录入主题文字“小船悠悠”，文本设置为：华康少女文字，96 磅，轮廓为白色，填充分别为蓝色、红色、绿色、橙色。

(3)设置文本动画效果为：淡出，与上一动画同时。

(4)插入文本框，录入文字“幼儿园大班语言领域活动”，文本设置为：微软雅黑、20 磅；鼠标拖动放置页面左上角。

(5)设置文本动画效果为：淡出，与上一动画同时。

(6)插入图片(如图 5-3 所示)，设置动画效果为：缩放，由小到大，在上一动画之后。

图 5-3

(7)制作结束页，复制刚刚完成的页面，将文字修改为“小朋友再见”即可。

最终效果如图5-4、图5-5。

图5-4

图5-5

3. 设计导航页

导航页是课件最重要的页面，通过导航页，可以看出一个教师的教学思路。最主要的是，通过导航页，可以使课件的使用更加灵活，具有更好的可控性。

(1)在封面页之后，【开始】—【新建】—选择如图5-2所示的“空白版式”。

(2)【插入】—【形状】—选择圆角矩形并在页面中绘制。

(3)设置圆角矩形的高度和宽度分别是：2.25厘米和5.9厘米；在【格式】中设置形状样式为：中等效果—橙色，强调颜色6。

(4)在圆角矩形上单击鼠标右键，选择【编辑文字】，录入文字“看一看”。

(5)文本设置为：华文琥珀、44磅、橄榄色，文本轮廓设置白色。

(6)插入图片(如图5-6所示)，调整至合适大小，放置圆角矩形前面。

图5-6

(7)组合图片和圆角矩形，效果如图5-7所示。

(8)按照上述步骤完成“猜一猜”、“听一听”、“说一说”几个步骤，效果依次如图5-8、图5-9、图5-10所示。

图 5-7

图 5-8

图 5-9

图 5-10

(9)按照图 5-11 所示效果摆放即可。

图 5-11

4. 制作“看一看”部分内容

此部分内容是让小朋友通过观看视频，了解与船相关的一些知识。

(1)导航页面之后，【开始】—【新建】—选择“空白版式”。

(2)【插入】—【视频】—【文件中的视频】—选择 WMV 或 mp4 格式的视频《小船的旅行》插入。

(3)给视频设置“播放”动画。

(4)添加一个圆角矩形，大小设置为：高度 1.4 厘米，宽度 3.4 厘米；形状样式设置为：中等效果—橄榄色。

(5)在圆角矩形中添加“播放”文字，并在【选择窗格】中将圆角矩形的名称修改为“播放”，准备作为“播放”动画的控制按钮。

（6）打开【动画窗格】，选择“播放”动画效果，选择【触发】—再选择单击“播放”即可。

（7）重复以上几个步骤，分别完成暂停和停止动画的设置。

（8）页面左上角添加图 5-7 所示“看一看”图形。

5. 制作“猜一猜”部分内容

这一部分的内容主要是承上启下，从视频中提炼出与本次活动相关的内容。

（1）“看一看”页面之后，【开始】—【新建】—选择“空白版式”。

（2）插入图片（如图 5-12 所示），并调整图片大小。

图 5-12

（3）插入提示性文字“猜猜它们要干嘛?”，文本设置为：华文琥珀，36 磅，橄榄色。

（4）给图片和文本设置进入动画效果即可。

（5）在页面左上角添加图 5-8 所示的“猜一猜”图形。

6. 制作“听一听”部分内容

“听一听”部分主要是将故事《小船悠悠》以动画的形式展示出来，这一部分乌龟爷爷出场页面设置：

（1）在“猜一猜”页面之后，【开始】—【新建】—选择“空白版式”。

（2）插入图片（如图 5-1 所示），调整大小，作为“听一听”部分的主要背景图。

（3）插入乌龟和生日帽子图片进行组合（如图 5-13 所示），设置为合适大小（本案例设置为高度 7 厘米，宽度 11.8 厘米）。

（4）设置动画效果为：路径动画、直线、由右向左进入。

（5）插入图片（如图 5-14 所示），设置动画效果为：弹跳进入。

（6）添加对应文字“乌龟爷爷的生日到了”，文本设置为：宋体，18 磅，放置页面下方即可。

其他小动物出场页面设置：

(1)在上一页面之后，【开始】—【新建】—选择“空白版式”。

(2)插入小松鼠图片(如图 5-15 所示)，调整为合适大小。

图 5-13

图 5-14

图 5-15

(3)设置动画效果为：跷跷板。

(4)添加对应文字“小松鼠用圆圆的草帽做小船，小草帽在水上漂呀漂，像一轮圆圆的月亮。”文本设置为：宋体，18 磅，放置页面下方即可。

(5)重复以上步骤，分别插入小灰兔(如图 5-16 所示)、小花猫(如图 5-17 所示)、小刺猬(如图 5-18 所示)、小黄狗(如图 5-19 所示)、小猪(如图 5-20 所示)图片，调整为合适大小。

图 5-16

图 5-17

图 5-18

图 5-19

图 5-20

(6)设置动画效果分别为：左边路径进入、缩放进入、弹跳进入、右边路径进入、左边路径进入即可。

(7)插入对应的文本：

“小灰兔乘着西瓜小船。瞧，她手里还拿着一束鲜花，在蓝蓝的大海上特别显眼。”

“小花猫在一只大皮靴里，皮靴船上挂着一只气球，那是送给海龟爷爷的生日礼物。”

“小刺猬站在树枝小船上，背上插满了鲜红的山楂果，随着海浪，忽悠忽悠往前走。”

“小黄狗坐在空罐头绑的小船上，抱着生日蛋糕，听着海浪叮叮咚咚敲打小船。”

“小猪拿块门板当小船，一把扫把当桅杆，挂上衬衫当风帆，特别神气。”

文本设置为：宋体，18 磅，放置对应页面下方即可。

(8)插入图片(如图 5-21 所示)，设置为合适大小(本案例为高度 13.43 厘米，宽度 21.4 厘米)，图片样式设置为：棱台亚光，白色。

图 5-21

(9)插入对应文字：“海龟说：‘谢谢你们给我来过生日，我带大家游游大海，都坐到我的背上来吧。’” 文本设置为：宋体，18 磅，放置对应页面下方即可。

(10)最后在“听一听”所有页面左上角添加图 5-9 所示的“听一听”图形。

7. 制作“说一说”部分内容

“说一说”部分主要是将故事《小船悠悠》中的小动物和它们各式各样的船都提取出来，编写成固定句式“谁坐着什么做成的小船去给乌龟爷爷过生日”，目的是为了让小朋友可以对故事有进一步的了解，可以根据句式进行创编，也让幼儿了解到什么东西都可以做成小船。因为幼儿的识字量有限，所以尽可能使用图片直观地表示部分内容。具体制作步骤如下：

(1)在“听一听”页面之后，【开始】—【新建】—选择“空白版式”。

(2)依次插入图片(图 5-15、图 5-22、图 5-3、图 5-13)，并调整图片的方向和大小。

(3) 添加圆角矩形工具，设置为无填充，蓝色轮廓，作为图 5-15 和图 5-22 的边框。

图 5-22

(4) 分别添加三个文本框，分别输入“坐着”“做成的”“去给”，设置为红色、24 磅。

(5) 将三个文本框中的文字依次放置在图 5-15 和图 5-22 之间、图 5-22 和图 5-3 之间、图 5-3 和图 5-13 之间，最终效果如图 5-23 所示；给图片和文本设置进入动画的“淡出”效果即可。

(6) 重复以上步骤，制作出“说一说”环节的第二张幻灯片，包括“小黄狗坐着易拉罐做成的小船去给乌龟爷爷过生日”、“小猪坐着木板做成的小船去给乌龟爷爷过生日”、“小刺猬坐着树枝做成的小船去给乌龟爷爷过生日”最终效果如图 5-24 所示，其中的“易拉罐”“木板”“树枝”图片设置为进入动画“淡出”效果、鼠标点击播放，让幼儿根据提示模仿并说出句子。

图 5-23

图 5-24

(7)将小灰兔、小花猫的场景制作成如图 5-25 所示效果，可以让幼儿根据上一张的内容使用完整的句子进行陈述。

(8)制作图 5-26 所示页面，让幼儿进行创编。

图 5-25

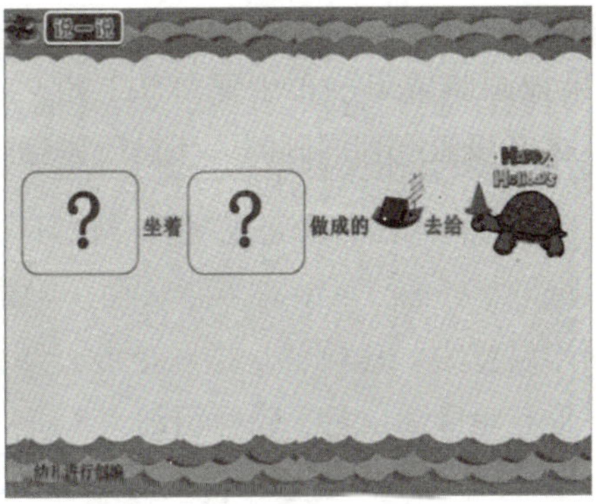

图 5-26

(9)在“说一说”所有页面左上角添加图 5-10 所示的“说一说”图形。

8. 设置导航链接

链接的载体可以是文字，也可以是图片或者图形，课件中导航链接把握得好，可以制作出既生动活泼，又层次分明的交互式课件。

本课件的导航链接设置如下：

(1)选中导航页面中的“看一看”图形，点击【插入】—【超链接】，在打开的【编辑超链接】对话框中选择链接到【本文档中的位置】，再选择“看一看”环节的第一张幻灯片，如图 5-27 所示，点击确定。

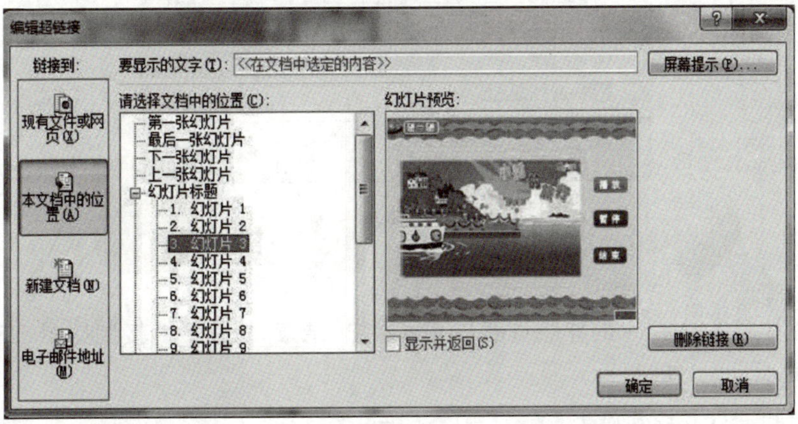

图 5-27

(2)用相同的步骤，将导航页的“猜一猜”“听一听”“说一说”分别链接到对应环节的第一个页面。

(3)因为“看一看”环节只有一个页面，所以直接可以设置“返回”链接。插入矩形，设置为：高 1.12 厘米、宽 2.5 厘米、形状填充为橙色、形状轮廓为白色、轮廓粗细为 3 磅；在矩形上点击鼠标右键，选择【编辑文字】，输入文字“返回”，设置为：幼圆、24 磅、白色；选择“返回”矩形，点击【插入】—【超链接】，在打开的【编辑超链接】对话框中选择链接到【本文档中的位置】，再选择图 5-11 所示的导航页，点击确定。

(4)用同样的方法完成“猜一猜”环节的“返回”按钮。

(5)“说一说”环节有多张页面，除最后一张设置“返回”按钮外(方法如上)，其余页面均设置为“下一页”。插入矩形，设置为：高 1.3 厘米、宽 2.7 厘米、形状填充为橙色、形状轮廓为白色、轮廓粗细为 3 磅；在矩形上点击鼠标右键，选择【编辑文字】，输入文字“下一页”，设置为：幼圆、24 磅、白色；选择“下一页”矩形，点击【插入】—【动作】，在打开的【动作设置】对话框中选择【单击鼠标】选项卡，再选择【超链接到】“下一张幻灯片”，点击确定。

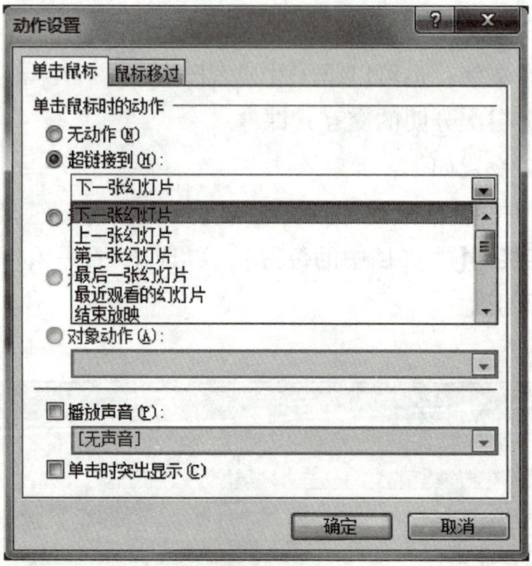

图 5-28

(6)在如图 5-11 所示的导航页面右下角添加“结束”按钮，链接到如图 5-5 所示的结束页面即可。

(7)放映课件并检查设置，所有导航链接设置完成。

温馨提示：

制作完成一个“下一页”或者“返回”按钮之后，可以使用复制—粘贴的方式完成其他位置的设置，特别是比赛中，这样会节省很多时间。

9. 设置切换效果

切换效果可以让课件看起来更加具有艺术性，但是在一个课件中，切换效果要适量，不宜过多。

切换效果设置步骤：

(1)按下 SHIFT 键，同时选中首页和尾页，设置为“涟漪”切换效果。

(2)选中导航页，设置为“擦除”切换效果，【效果选项】设置为“自顶部”。

(3)其他页面可以设置不同的切换效果，但整个课件的切换效果最好不要超过 5 个，每个环节的切换效果尽量保持一致，但【效果选项】可以不一样。

(4)保存文档，《小船悠悠》课件制作完成。

温馨提示：

课件制作过程中需要用到大量的图片，很多图片是之前处理好且使用过的，后面如果再次使用，直接粘贴复制即可，不需要再次插入和处理。

点评：

科学性：课件具有较高的科学性，内容科学、规范、无错误，课件属于幼儿园大班语言领域课件，从课件中涉及的内容来看，符合《3—6 岁儿童学习与发展指南》。

教学性：课件教学内容涉及完整，主题符合幼儿园保教活动的主题要求，作者从导入(看一看、猜一猜)、学习(听一听)、巩固(说一说)三个层次递进完成课件制作，并且都是从幼儿的角度出发，比如第一环节导入是让幼儿“看一看”他们喜欢的动画片视频，通过视频了解要学习的内容“小船”，再用“猜一猜”环节激发幼儿对未知环节的兴趣，学习环节用“听一听”故事的方式，让幼儿了解故事内容，巩固和拓展环节通过让幼儿“说一说”，进一步的巩固所学的知识，并能完成创编，整个过程循序渐进，充满童趣，让幼儿在愉快的情境中完成了学习。

技术性：课件中使用了触发器、切换效果、各种动画效果，对给定的素材进行了必要的处理，并且效果很好；课件互动性比较强，操作简单、快捷、结构合理、演示流畅，能较好地服务于保教活动。

艺术性：课件风格统一，色彩协调，画面设计清晰、新颖、富有童趣，符合幼儿的审美特点。

附【儿童故事】

小船悠悠

故事《小船悠悠》选自中班主题《水真有用》，故事里面的小动物开着各种材料做的小船去给海龟爷爷庆祝生日，爸爸妈妈可以让宝贝用完整的语言讲述故事并让他们了解哪些材料能在水中浮起来。

海龟爷爷的生日到了，一大早，海面上就出现了许许多多小船。

小松鼠用圆圆的草帽做小船，小草帽在水上漂呀漂，像一轮圆圆的月亮。

小灰兔乘着她的西瓜小船。瞧，她手里还拿着一束鲜花，在蓝蓝的大海上特别显眼。

小花猫在一只大皮靴里，皮靴船上挂着一只气球，那是小花猫送给海龟爷爷的生日礼物。

小刺猬站在树枝编成的小船上，背上插满了鲜红的山楂果，随着海浪，忽悠忽悠往前走。

小黄狗把几个空罐头绑在一块当小船，他坐在船上，抱着送给海龟爷爷的生日蛋糕，听着海浪敲打着小船，叮叮咚咚好开心。

小猪拿块门板当小船，一把扫把当桅杆，挂上衬衫当风帆，特别神气。

啊，各式各样的小船，像一支小小舰队，向海龟爷爷划来，海龟爷爷高兴得不停地招呼大家。

海龟爷爷说："你们长年生活在陆地上，为了祝贺我的生日，这回都下海了。为了答谢大家，我带大家游游大海，都坐到我的背上来吧。"

于是，小松鼠、小灰兔、小花猫、小刺猬、小黄狗、小猪都跳到海龟爷爷背上。

海龟爷爷像一艘大海船，船上插着鲜花，挂着气球，载着六位好朋友，忽悠忽悠，开始了海上旅行。

5.3　案例：幼儿园中班语言领域《我妈妈》

中班的幼儿要求能大体讲出所听故事的主要内容；能根据连续画面提供的信息，大致说出故事的情节；能随着作品的展开产生喜悦、担忧等相应的情绪反应，体会作品所表达的情绪情感。

妈妈是孩子身边最熟悉的人，为了让幼儿更加了解妈妈、体恤妈妈，懂得以真诚的情感去关爱妈妈，弘扬民族传统美德，结合绘本《我妈妈》，设计了“我妈妈”这个主题。

5.3.1 设计目标

1. 理解图片中表达的意思，感受绘本中妈妈对孩子的关爱，萌发爱妈妈的情感。
2. 培养幼儿大胆地表达自己的感情。
3. 能把自己心目中的妈妈说出来、演出来。

5.3.2 案例展示

5.3.3 制作课件

1. 制作母版

《我妈妈》这个课件的母版需要制作三种，一种是封面和结束页面使用，一种是过度页面、“听儿歌”环节页面和“画妈妈”环节页面使用，还有一种是本节课的重点环节“说妈妈”环节使用。

(1)标题页和结束页母版。

首先，在【视图】—【幻灯片母版】，选择“标题幻灯片版式”，插入粉色横条(可以用粉色图片，也可以使用矩形工具完成)，设置成页面等宽，放置页面的顶部和底部，顶部横条高度设置为 2 厘米，底部横条高度设置为 1. 8 厘米。

其次，依次插入图 5-29、图 5-30、图 5-31、图 5-32 所示图片，去掉图片背景，调整图片大小，再插入小熊和爱心图片同样去掉背景，调整大小。

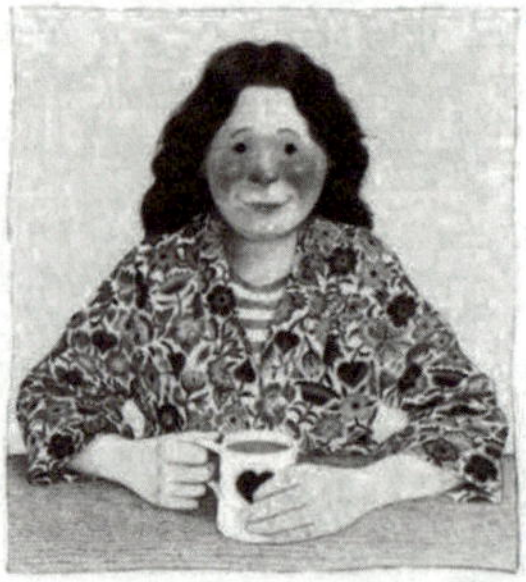

图 5-29

图 5-30

最后，将所有编辑好的图片放置页面合适位置，如图 5-33 所示，这一部分母版完成。

图 5-31

图 5-32

图 5-33

(2) "说妈妈"环节母版。

首先，在【视图】—【幻灯片母版】，选择"空白版式"，插入粉色横条，方法如封面环节操作。

其次，插入编辑好的图片，如图 5-34 所示图片，调整到合适大小(本案例高 14. 8

厘米，宽 22.24 厘米），放置合适位置。

再次，插入圆角矩形工具，填充成接近绘本页面的浅黄色，调整大小，放置图 5-32 图形左边的矩形框内。

最后，插入如图 5-35 所示图片，编辑图片，调整大小，放置图 5-34 所示图片的左下角作为装饰，“说妈妈”环节母版设计完成，效果如图 5-36 所示。

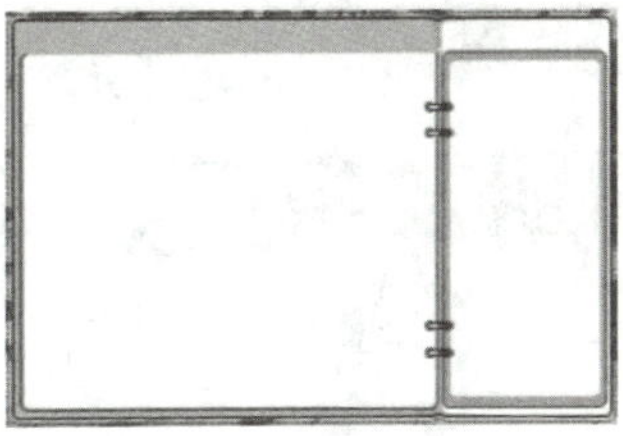
图 5-34

图 5-35

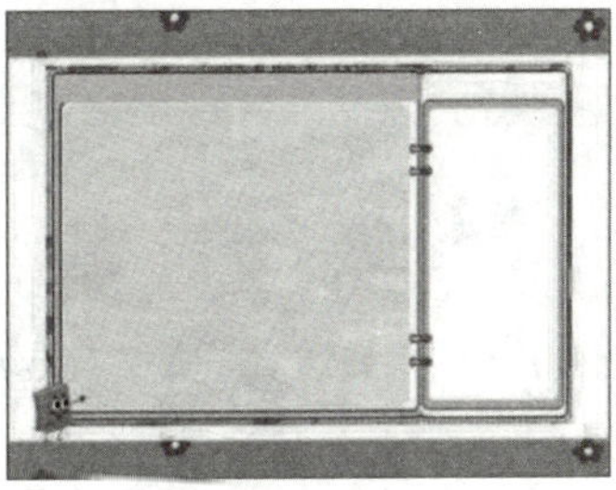
图 5-36

(3)其余部分母版。

在【视图】—【幻灯片母版】，选择上一步设计好的如图 5-36 所示的“空白版式”，复制并粘贴，在粘贴的母版板式中，删除中间所有的图形，只保留顶部和底部的粉色横条，如图 5-37 所示，母版制作完成。

图 5-37

(4)关闭母版

2. 制作标题页和结束页

《我妈妈》是和绘本相关的一次语言领域活动，所以通过封面就可以让幼儿感受到这一点。

(1)【开始】—【新建】—选择“标题幻灯片”。

(2)插入文本框，录入主题文字“我妈妈”，文本设置为：幼圆，80 磅，轮廓为白色，填充分别为绿色、橙色、蓝色。

（3）设置文本动画效果为：进入效果，缩放，与上一动画同时。

（4）插入文本框，录入文字“幼儿园中班语言领域活动”，文本设置为：微软雅黑，20 磅；鼠标拖动放置页面左上角。

（5）设置文本动画效果为：淡出，与上一动画同时。

（6）制作结束页，复制刚刚完成的标题页，将文字修改为“小朋友再见”即可。

最终效果如图 5-38、图 5-39 所示。

图 5-38

图 5-39

3. 设计导航页

《我妈妈》这次活动是从“听儿歌”“说妈妈”“画妈妈”三个环节来辅助教学的。

（1）在封面页之后，【开始】—【新建】—选择如图 5-37 所示的版式。

（2）【插入】—【形状】—选择圆角矩形并在页面中绘制。

（3）设置圆角矩形的高度和宽度分别是：2. 05 厘米和 4. 59 厘米；在【格式】中设置形状样式为：中等效果—橙色。

（4）在圆角矩形上单击鼠标右键，选择【编辑文字】，录入文字“听儿歌”。

（5）文本设置为：幼圆，32 磅，紫色，文本轮廓设置白色。

（6）插入绘本《我妈妈》的封面图片，进行处理，效果如图 5-40 所示，调整至合适大小，放置圆角矩形上方。

图 5-40

（7）组合图片和圆角矩形，效果如图 5-41 所示。

（8）按照上述步骤完成“说妈妈”“画妈妈”两个步骤，效果依次如图 5-42、图 5-43 所示。

（9）插入图片如图 5-44 所示，大小调整成高 10. 24 厘米、宽 10. 58 厘米；设置为进入动画的“飞入”效果。

（10）页面中所有对象参照图 5-45 所示效果摆放即可。

图 5-41

图 5-42

图 5-43

图 5-44

图 5-45

4. 制作“听儿歌”部分内容

“听儿歌”部分主要是以儿歌的方式引导出本次活动的主题“我妈妈”，所以听的儿歌是《好妈妈》，儿歌是以视频的形式展示出来的，设置方法如下：

(1)导航页面之后，【开始】—【新建】—选择如图 5-37 所示的版式。

(2)【插入】—【视频】—【文件中的视频】—选择 WMV 或 mp4 格式的儿歌视频《好妈妈》插入。

(3)给视频设置“播放”动画。

(4)添加一个云形图形工具，大小设置为：高度 1.8 厘米，宽度 3.4 厘米；形状样式设置为：强烈效果—水绿色。

(5)在云形中添加“播放”文字，并在【选择窗格】中将云形的名称修改为“播放”，准备作为“播放”动画的控制按钮。

(6)打开【动画窗格】，选择“播放”动画效果，选择【触发】—再选择单击“播放”即可。

(7)重复以上几个步骤，分别完成暂停和停止动画及按钮控制的设置。

(8)再次【开始】—【新建】—选择如图 5-47 所示的版式，在页面中插入如图 5-46 所示图片，再插入“云形标注”工具，输入文字“儿歌里唱的谁?”，文本设置为：幼圆，18

磅，黑色，将“谁”字设置为：幼圆，24 磅，红色；最后将所有插入的对象摆放置合适位置，效果如图 5-47 所示。

(9)添加如图 5-41 所示“听儿歌”图形，调整大小，设置为：高 1.9 厘米、宽 2.3 厘米，放置在所有“听儿歌”环节页面左上角即可。

图 5-46

图 5-47

(10)在图 5-47 所示页面右下角添加“返回”导航按钮，“听儿歌”部分完成。

5. 制作“说妈妈”部分内容

这一部分是整个课件的重点部分，也是本次活动的重点，主要是理解绘本中的内容。

(1)“听儿歌”页面之后，【开始】—【新建】—选择如图 5-37 所示的版式。

(2)插入如图 5-46 所示图片，并调整图片大小；插入“云形标注”工具，录入文字“一起说我妈妈的故事吧!”，再插入绘本《我妈妈》的封面图片，页面效果如图 5-48 所示。

图 5-48

（3）点击【开始】—【新建】—选择如图 5-36 所示的版式，在页面中插入如图 5-49 所示的图片，对图片进行裁剪处理，调整大小，放置页面的左侧，再将文字“这是我妈妈，她真的很棒！”使用文本框录入，放置页面右侧，文字方向设置为“竖排”，文本设置为：微软雅黑，20 磅，加粗，阴影，文本填充紫色，文本轮廓白色；将“妈妈”两个字重新设置：28 磅、文本填充红色；将“很棒”两个字用“竖大拇指”的图片代替。

（4）添加如图 5-42 所示图片，调整大小、放置页面的左上角。

（5）添加“下一页”导航按钮，放置页面右下角，方法参照《小船悠悠》案例。

（6）页面制作完成，最终效果如图 5-50 所示。

图 5-49

图 5-50

（7）选择如图 5-48 所示页面中的《我妈妈》封面图片，设置超链接到如图 5-50 页面。

（8）重复以上步骤，完成《我妈妈》绘本的其他页面，效果依次如图 5-51、图 5-52、图 5-53、图 5-54、图 5-55、图 5-56、图 5-57、图 5-58、图 5-59、图 5-60、图 5-61、图 5-62、图 5-63。

图 5-51

图 5-52

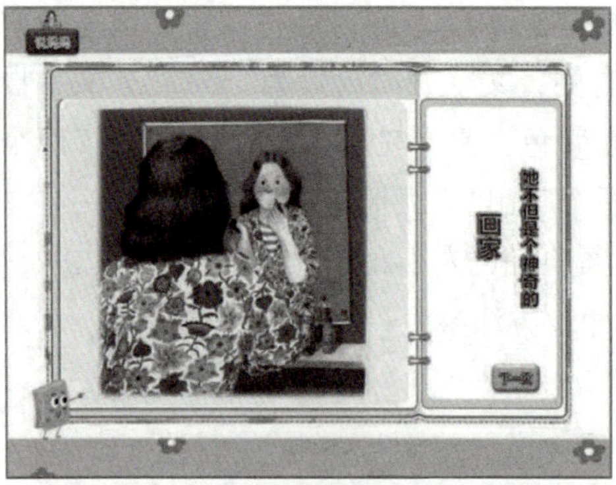

图 5-53

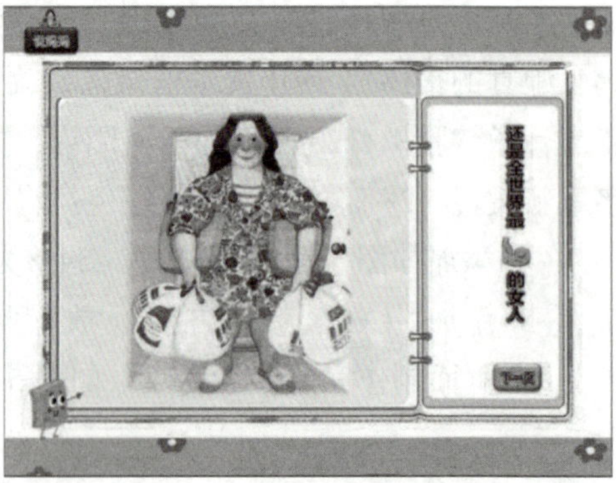

图 5-54

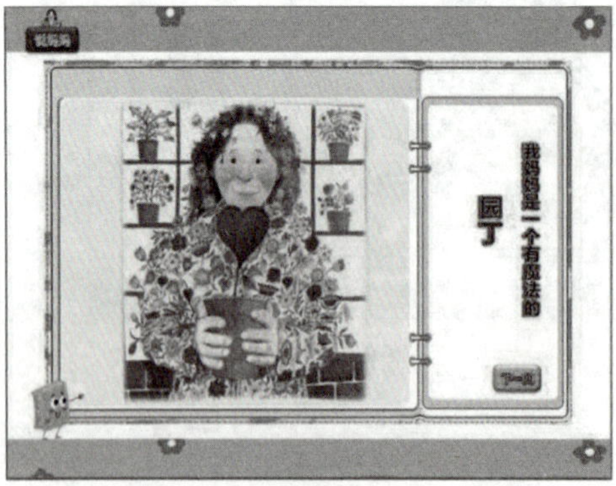

图 5-55

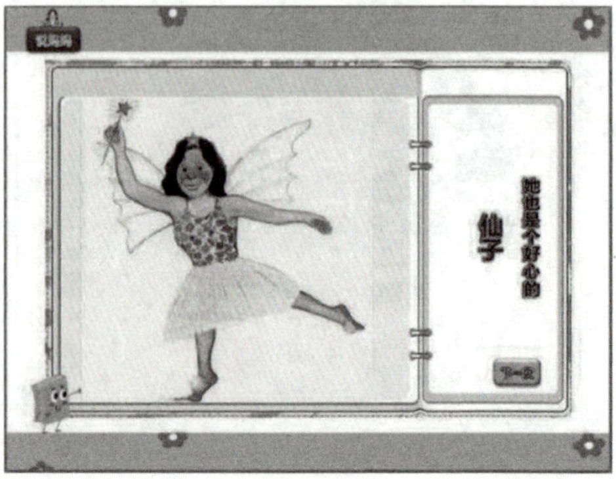

图 5-56

图 5-57

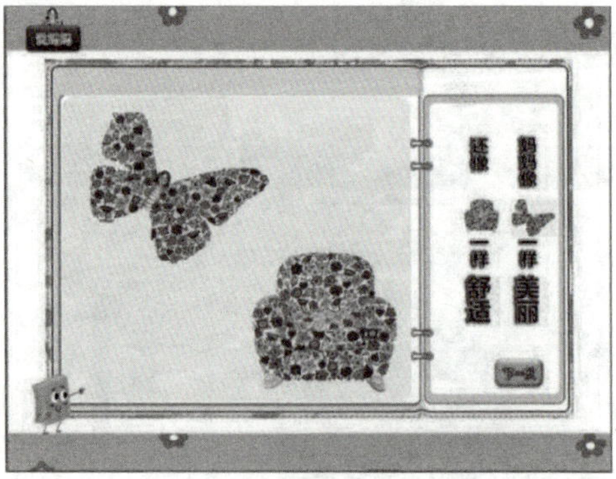

图 5-58

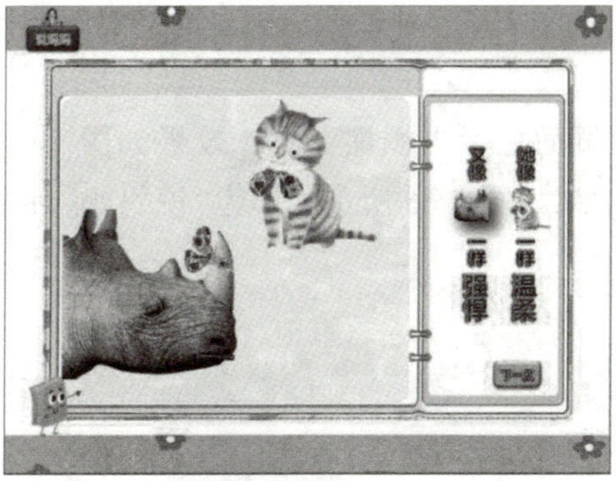

图 5-59

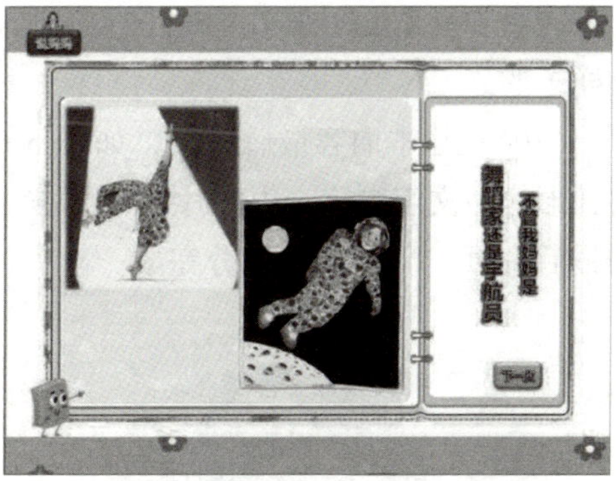

图 5-60

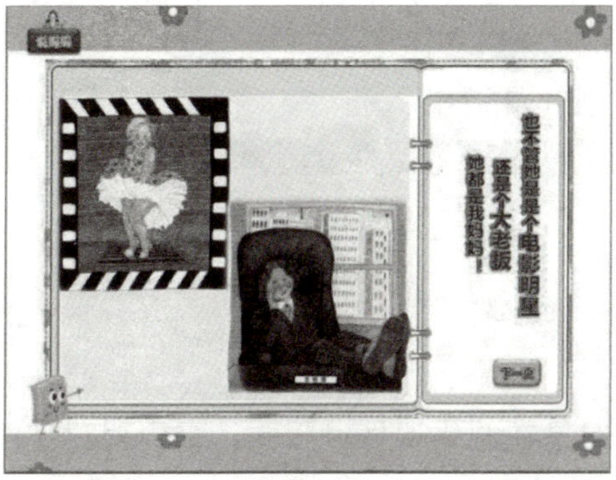

图 5-61

图 5-62

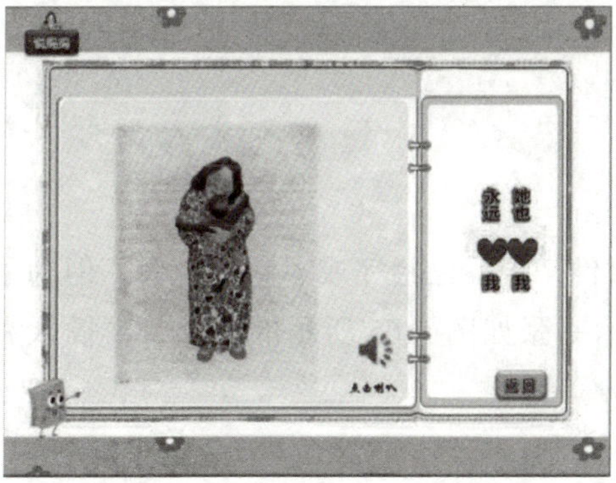

图 5-63

图 5-64

(9)在图 5-59 和图 5-60 所示页面中间添加一页，用来展示教师在引导阅读绘本过程中，让幼儿参与说和思考的页面，如图 5-64 所示，云形标注中添加符号“?”，设置为合适大小和颜色，用来引导幼儿对前面内容的思考和理解，让幼儿想想自己的妈妈是什么样子的。

(10)在绘本内容最后一页，如图 5-63 所示页面之后再添加一页，效果如图 5-64，将云形标注文字删除，由图片 5-65 替换，最终效果如图 5-66 所示，作为“说妈妈”环节的最后一页，“说妈妈”部分完成。

图 5-65

图 5-66

温馨提示：

课件中所使用的图片来自绘本《我妈妈》，但是在制作课件过程中，需要对这些图片进行编辑才能使用。页面中的部分文字可以用图片代替，比如“爱”可以用爱心代替，“猫”可以用小猫图片代替，“蝴蝶”可以用蝴蝶图片代替等。页面中的重点词语，比如“大厨师”“特技演员”“凶猛”等，可以将文字用放大、换颜色等不同于其他文字的形式展示出来，让课件看起来更生动，更有层次感，使用过程中也能加深幼儿对关键信息的印象。

6. 制作“演妈妈”部分内容

演妈妈部分是主题活动的一部分，但对于课件来说，已经完成了它的使命，但为了保证课件的完整性，我们只需要在这个环节展示一张如图 5-65 所示的图片，再插入和妈妈相关的音乐即可。

7. 设置导航链接

方法参照《小船悠悠》。

8. 设置切换效果

方法参照《小船悠悠》。

保存文档，《我妈妈》课件制作完成。

点评：

科学性：课件具有较高的科学性，规范、无错误，课件属于幼儿园中班语言领域课件，从课件中涉及的内容来看，符合《3—6岁儿童学习与发展指南》。

教学性：主题符合幼儿园保教活动的要求，作者从导入听儿歌、说妈妈、演妈妈三个层次递进完成课件制作，让幼儿在绘本故事中感受妈妈的爱，并能把自己的妈妈演出来。

技术性：课件中使用了触发器、切换效果、各种动画效果，对给定的素材进行了必要的处理，并且效果很好；课件互动性比较强，操作简单、快捷、结构合理、演示流畅，能较好地服务于保教活动。

艺术性：课件风格统一，色彩协调，画面设计清晰、新颖、富有童趣，符合幼儿的审美特点。

第六章　社会领域课件

6.1　关于社会领域

《3—6岁儿童学习与发展指南》指出，幼儿社会领域的学习与发展过程是其社会性不断完善并奠定健全人格基础的过程。人际交往和社会适应是幼儿社会学习的主要内容，也是其社会性发展的基本途径。幼儿在与成人和同伴交往的过程中，不仅学习如何与人友好相处，也在学习如何看待自己、对待他人，不断发展适应社会生活的能力。良好的社会性发展对幼儿身心健康和其他各方面的发展都具有重要影响。

家庭、幼儿园和社会应共同努力，为幼儿创设温暖、关爱、平等的家庭和集体生活氛围，建立良好的亲子关系、师生关系和同伴关系，让幼儿在积极健康的人际关系中获得安全感和信任感，发展自信和自尊，在良好的社会环境及文化的熏陶中学会遵守规则，形成基本的认同感和归属感。

幼儿的社会性主要是在日常生活和游戏中通过观察和模仿潜移默化地发展起来的。成人应注重自己言行的榜样作用，避免简单生硬的说教。

6.1.1　人际交往

目标1　愿意与人交往

3~4岁	4~5岁	5~6岁
1. 愿意和小朋友一起游戏 2. 愿意与熟悉的长辈一起活动	1. 喜欢和小朋友一起游戏，有经常一起玩的小伙伴 2. 喜欢和长辈交谈，有事愿意告诉长辈	1. 有自己的好朋友，也喜欢结交新朋友 2. 有问题愿意向别人请教 3. 有高兴的或有趣的事愿意与大家分享

课件制作建议：

1. 在幼儿园其实更多的时候成人是没有参与小朋友的活动的，但是可以借助课件播放一些爷爷奶奶、父母、老师、朋友等成人或小伙伴对幼儿爱的表达，让幼儿通过视频能感受到别人的关心、感受到和人交往的快乐。

2. 在交往实践活动开始之前，教师可以使用课件播放一些相关的动画、视频或图片给幼儿看看，让幼儿先了解与人交往的方式，再去参与实践，幼儿能更好地体会到交往的乐趣。

目标 2　能与同伴友好相处

3~4 岁	4~5 岁	5~6 岁
1. 想加入同伴的游戏时，能友好地提出请求 2. 在成人指导下，不争抢、不独霸玩具 3. 与同伴发生冲突时，能听从成人的劝解	1. 会运用介绍自己、交换玩具等简单技巧加入同伴游戏 2. 对大家都喜欢的东西能轮流分享 3. 与同伴发生冲突时，能在他人帮助下和平解决 4. 活动时愿意接受同伴的意见和建议 5. 不欺负弱小	1. 能想办法吸引同伴和自己一起游戏 2. 活动时能与同伴分工合作，遇到困难能一起克服 3. 与同伴发生冲突时能自己协商解决 4. 知道别人的想法有时和自己不一样，能倾听和接受别人的意见，不能接受时会说明理由 5. 不欺负别人，也不允许别人欺负自己

课件使用建议：

1. 结合具体情境，指导幼儿学习交往的基本规则和技能。如：

当幼儿不知怎样加入同伴游戏，或提出请求不被接受时，当幼儿与同伴发生矛盾或冲突时，可以借助多媒体课件让幼儿了解一些别人是如何处理这种情况的，利用相关的故事情境，结合幼儿的交往经验，在课件中设置互动环节：什么样的行为受大家欢迎，想要得到别人的接纳应该怎样做等。

为了让幼儿了解需要大家齐心协力才能完成的活动，让幼儿体会合作的重要性，学习分工合作，可以借助课件设计“蚂蚁搬家”等主题活动，让幼儿通过课件能明显观察到一只蚂蚁的力量是无法搬动一个大食物的，但是很多只蚂蚁在团结起来就可以搬动大食物了。

2. 结合具体情境，引导幼儿换位思考，学习理解别人。如：

幼儿有争抢玩具等不友好行为时，引导他们想想“假如你是那个小朋友，你有什么感受?”让幼儿学习理解别人的想法和感受。可是靠单纯的说教幼儿可能体会得不是很深刻，这时候借助课件，让幼儿可以直观地看到争抢玩具等不友好行为给别人带来的伤害，幼儿对于这种不好行为的认识会比单纯的说教要深刻得多。

目标3　具有自尊、自信、自主的表现

3~4岁	4~5岁	5~6岁
1. 能根据自己的兴趣选择游戏或其他活动 2. 为自己的好行为或活动成果感到高兴 3. 自己能做的事情愿意自己做 4. 喜欢承担一些小任务	1. 能按自己的想法进行游戏或其他活动 2. 知道自己的一些优点和长处，并对此感到满意 3. 自己的事情尽量自己做，不愿意依赖别人 4. 敢于尝试有一定难度的活动和任务	1. 能主动发起活动或在活动中出主意、想办法 2. 做了好事或取得了成功后还想做得更好 3. 自己的事情自己做，不会的愿意学 4. 主动承担任务，遇到困难能够坚持而不轻易求助 5. 与别人的看法不同时，敢于坚持自己的意见并说出理由

课件制作建议：

1. 关注幼儿的感受，保护其自尊心和自信心。如：可以多给幼儿设计一些“平等对待”“被尊重”等方面的课件，课件的互动中可以设置选择环节，如果幼儿选择正确了，对这种好的行为表现多给予具体、有针对性的肯定和表扬，课件中可以表现为出现“你真棒”的音效，或者出现一个“大拇指”，让幼儿对自己优点和长处有所认识并感到满足和自豪。

2. 鼓励幼儿自主决定，独立做事，增强其自尊心和自信心。如：在课件中可以多设置一些互动环节，让幼儿自己去完成，去选择，即使做得不够好，也应鼓励并给予一定的指导和评价，这个评价在课件中表现为“你真棒”“继续加油”等，让他们在做事中树立自尊和自信，在尝试中感受经过努力获得的成就感。

目标4　关心尊重他人

3~4岁	4~5岁	5~6岁
1. 长辈讲话时能认真听，并能听从长辈的要求 2. 身边的人生病或不开心时表示同情 3. 在提醒下能做到不打扰别人	1. 会用礼貌的方式向长辈表达自己的要求和想法 2. 能注意到别人的情绪，并有关心、体贴的表现 3. 知道父母的职业，能体会到父母为养育自己所付出的辛劳	1. 能有礼貌地与人交往 2. 能关注别人的情绪和需要，并能给予力所能及的帮助 3. 尊重为大家提供服务的人，珍惜他们的劳动成果 4. 接纳、尊重与自己的生活方式或习惯不同的人

课件制作建议：

1. 成人以身作则，以尊重、关心的态度对待自己的父母、长辈和其他人，引导幼儿尊重、关心长辈和身边的人，尊重他人劳动及成果。如果使用多媒体课件，教师可以录制一些幼儿父母平时的行为，比如经常问候老人，主动做家务，礼貌地对待老年人，坐车时主动为老人让座，看到别人有困难主动关心并给予一定的帮助等，让幼儿用短片的方式看自己的父母平时是怎么做的，或者播放一些关心他人、乐于助人方面的正能量视频，或者图片，让幼儿产生尊重、关心他人的意识，逐渐学会帮助他人。

2. 结合实际情境，提醒幼儿注意别人的情绪，了解他们的需要，给予适当的关心和帮助。借助课件让幼儿多了解社会中形形色色的角色，了解与自己关系密切的社会服务机构及其工作，如商场、邮局、医院等，通过故事情境和互动环节体会这些机构给大家提供的便利和服务，懂得尊重工作人员的劳动，珍惜劳动成果。

3. 引导幼儿学习用平等、接纳和尊重的态度对待差异。很多民间的艺术形式，无法亲身体验，但是可以制作成精美的课件，让幼儿通过课件了解民间游戏、传统节日等，适当向幼儿介绍我国主要民族和世界其他国家和民族的文化，帮助幼儿感知文化的多样性和差异性，理解人们之间是平等的，应该互相尊重，友好相处。

6.1.2 社会适应

目标 1 喜欢并适应群体生活

3~4 岁	4~5 岁	5~6 岁
1. 对群体活动有兴趣 2. 对幼儿园的生活好奇，喜欢上幼儿园	1. 愿意并主动参加群体活动 2. 愿意与家长一起参加社区的一些群体活动	1. 在群体活动中积极、快乐 2. 对小学生活有好奇和向往

课件制作建议：

让幼儿喜欢并适应群体生活，可以经常和幼儿一起参加一些群体性的活动，让幼儿体会群体活动的乐趣。如：参加亲戚、朋友和同事间的聚会以及适合幼儿参加的社区活动等，支持幼儿和不同群体的同伴一起游戏，丰富其群体活动的经验。教师可以将幼儿的活动拍摄成视频或者照片，制作成课件播放给学生看，让幼儿二次感受群体生活的乐趣，对群体生活充满向往。

目标 2　遵守基本的行为规范

3~4 岁	4~5 岁	5~6 岁
1. 在提醒下，能遵守游戏和公共场所的规则 2. 知道不经允许不能拿别人的东西，借别人的东西要归还 3. 在成人提醒下，爱护玩具和其他物品	1. 感受规则的意义，并能基本遵守规则 2. 不私自拿不属于自己的东西 3. 知道说谎是不对的 4. 知道接受了的任务要努力完成 5. 在提醒下，能节约粮食、水电等	1. 理解规则的意义，能与同伴协商制定游戏和活动规则 2. 爱惜物品，用别人的东西时也知道爱护 3. 做了错事敢于承认，不说谎 4. 能认真负责地完成自己所接受的任务 5. 爱护身边的环境，注意节约资源

课件制作建议：

1. 教师可以将幼儿平时的活动照片制作成电子相册，再配上幼儿成长的故事等，让幼儿感受到家庭和幼儿园的温暖，老师的和蔼可亲，对养育自己的人产生感激之情。

2. 吸引和鼓励幼儿参加集体活动，萌发集体意识。幼儿园应经常组织多种形式的集体活动，每次集体活动结束之后，教师应该将集体活动的照片制作成电子相册、再配上好听的音乐或者教师的讲解，播放给学生看，萌发幼儿的集体荣誉感。

3. 运用幼儿喜闻乐见和能够理解的方式激发幼儿爱家乡、爱祖国的情感。如：本教材中的案例《我是中国娃》通过让幼儿了解中国人最基本的特点，先从吃、喝、用、说等基本的生活出发，到京剧、剪纸、国画等艺术领域，再到中国的古建筑、中国的国宝和国球、中国的高科技等，一步步让幼儿感受到祖国的变化，让幼儿在观看和欣赏的过程中激发幼儿的自豪感和热爱之情，激发幼儿的民族自豪感。

6.2　案例：幼儿园中班社会领域《有趣的服饰》

中班的幼儿对社会的认知，主要来源于老师家长的引导，自身日常的观察和优秀传统文化的熏陶。幼儿通过观察图片、视频，能够区分观察对象的不同，并能够讲述具体的差别。借助多媒体，将书上的内容通过有趣的动画直观展示，能够帮助幼儿更直观形象地认知对象，激发幼儿进一步探究的兴趣。

6.2.1　设计目标

通过此课件的学习，幼儿可以达到如下目标：

1. 能够认真观察图片，大胆想象并讲述图片内容。
2. 能够区分不同民族服饰，能辨识常见民族服饰。
3. 感受我国 56 个民族服饰的美和多民族一家亲的和谐社会。

6.2.2 案例展示

6.2.3 制作课件

1. 制作母版

幻灯片的母版确定课件的主题风格和主体色彩，母版设计的好坏和课件能否成功有很大的关系。

(1)封面封底母版。

【视图】—【幻灯片母版】，选择“标题幻灯片版式”

①绘制“矩形”，格式设置为：高 2 厘米，顶端对齐，填充浅绿色，无轮廓线。

②绘制文本框，添加文字“幼儿园中班社会领域”，格式设置为：微软雅黑，16 号字。

③通过“曲线”工具绘制山坡，格式设置为：白绿渐变填充，线性向下，无轮廓线。

④插入图片，调整图片位置和大小即可(如图 6-1 所示)。

(2)内容页面。

【视图】—【幻灯片母版】，选择 “空白版式”

①绘制上“矩形”，格式设置为：高 2 厘米，顶端对齐，填充浅绿色，无轮廓线。

②Ctrl+D 复制矩形，调整高 1.5 厘米，底端对齐(如图 6-2 所示)。

图 6-1

图 6-2

(3)关闭母版视图。

2. 制作封面和封底

封面是一个课件的“脸面”，通过封面，学习者可以了解课件基本信息，比如学习内容，对应的领域和年龄层次，更多时候，它还起到了吸引他人兴趣的作用。封底是一个课件结尾，好的结尾会给人留下深刻的印象。

(1)【开始】—【新建】—选择“标题幻灯片”版式。

(2)插入艺术字，选择第六行第三列样式，录入主题文字“有趣的服饰”，格式设置为：幼圆，88 磅，填充分别为浅蓝色、红色、橙色(强调文字颜色 6、深色 25%)、橄榄色(强调文字颜色 3、深色 25%)、紫色。

(3)设置文本动画效果为：缩放，与上一动画同时。

(4)插入装饰图片：气球、蝴蝶结，调整大小，放置到合适位置。

(5)设置装饰图片动画效果为：浮入，与上一动画同时。

(6) 制作封底页面，复制刚刚完成的页面，将文字修改为“小朋友再见”即可。

封面封底最终效果如图 6-3、图 6-4 所示。

图 6-3

图 6-4

3. 设计导航页

导航页是课件的重要构成部分，通过导航页，可以了解本堂课程分为哪几部分；还可以通过导航页链接，快速定位到目标内容，可以使课件的使用更加灵活，具有更好的可控性。

(1)在封面页之后，【开始】—【新建】—选择“空白版式”。

(2)【插入】—【形状】—选择圆角矩形并在页面中绘制。

(3)设置圆角矩形的高度和宽度分别是：2.2 厘米和 4.8 厘米；在【格式】选项卡中设置形状样式为：强烈效果—橙色，强调颜色 6。

(4)在圆角矩形上单击鼠标右键，选择【编辑文字】，录入文字“看一看”。

(5)文本设置为：幼圆，32 磅，白色。

(6)插入图片(如图 6-5 所示)，调整至合适大小，放置圆角矩形前面。

(7)组合图片和圆角矩形，效果如图 6-6 所示。

(8)按照上述步骤分别完成“认一认”“玩一玩”“结束”，效果依次如图 6-7、图 6-8、图 6-9 所示。

图 6-5

图 6-6

图 6-7

图 6-8

图 6-9

(9)按照图 6-10 所示效果摆放即可。

(10)“结束”按钮插入“动作”效果：单击鼠标时超链接到“最后一张幻灯片”。

图 6-10

4. 制作“看一看”部分内容

幼儿通过观看视频，欣赏 56 个民族不同的服饰。

(1)导航页面之后，【开始】—【新建】—选择“空白版式”。

(2)【插入】—【视频】—【文件中的视频】—选择视频插入。

(3)设置视频样式：外部阴影矩形，调整视频大小和位置。

(4)给视频添加“播放”动画。

(5)绘制一个“云形”自选图形，大小设置为：高度 1.8 厘米，宽度 3.4 厘米；形状样式设置为：强烈效果-红色(强调文字颜色 2)。

(6)在“云形”中添加“开始”文字，格式为：华文新魏，加粗，20 磅，白色。在【选择窗格】中将“云形”的名称修改为“开始”，作为“播放”动画的控制按钮。

(7)打开【动画窗格】，点击“播放”动画标签下拉列表中“计时”选项，选择【触发器】—再选择单击“云形：开始”触发视频播放动画。

(8)重复以上(5)、(6)、(7)三个步骤，分别完成暂停和结束动画的设置。

(9)页面左上角添加图 6-6 所示“看一看”图形。右下角添加图 6-9 所示图形，修改文字为“下一页”，超链接到下一张幻灯片。最终效果如图 6-11 所示。

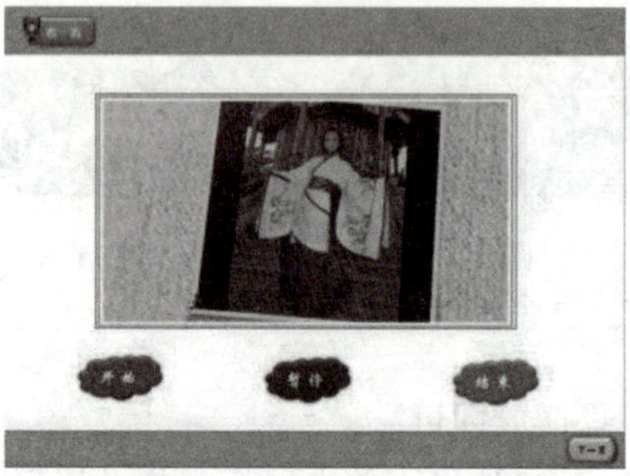

图 6-11

(10)制作“摇头”效果：

· 插入图片 6-12，将其裁剪分别保留上下两部分，如图 6-13、6-14 所示。

图 6-12

图 6-13

图 6-14

图 6-15

· 绘制一个与头部等长矩形，格式设置为：无填充色、无轮廓线。

· 同时选定头部和矩形，对齐设置为左右居中，再组合，如图 6-15 所示。

· 添加动画“陀螺旋”，与上一动画同时、顺时针旋转 20 度、自动翻转、重复直到幻灯片末尾。

（11）右下角添加图 6-9 所示图形，修改文字为“返回”，超链接到第 2 张幻灯片。

5. 制作“认一认”部分内容

这一部分的内容主要是加深幼儿对不同民族服饰的印象。

(1)“看一看”页面之后，【开始】—【新建】—选择“空白版式”。

(2)插入图片，并调整图片大小和位置。

(3)插入艺术字，选择第六行第三列样式，录入主题文字“维吾尔族”，格式设置为：幼圆，20 磅。

(4)给右侧图片添加“缩放”进入动画，与上一动画同时。

(5)在页面左上角添加图 6-7 所示的“猜一猜”图形。

(6) 右下角添加图 6-9 所示图形，修改文字为“下一页”，超链接到下一张幻灯片。

最终效果如图 6-16 所示。

图 6-16

6. 制作“玩一玩”部分内容

“玩一玩”部分利用“触发器”制作换装动画，趣味性更强，更能吸引幼儿注意力：

(1)在“猜一猜”页面之后，【开始】—【新建】—选择“空白版式”。

(2)插入图片(如图 6-17 所示)，调整大小和位置。

(3)插入图片，利用“删除背景”功能，只保留服装部分(如图 6-18、图 6-19 所示)。

(4)选定三张图片重叠对齐，放置在幻灯片左侧。

(5) 复制图 6-18、图 6-19，并缩小，调整位置到幻灯片右侧。

(6) 右侧插入艺术字，选择第六行第三列样式，录入主题文字“换装游戏”，文字方向设置为“竖排”，格式设置为：幼圆，32 磅。

图 6-17

图 6-18

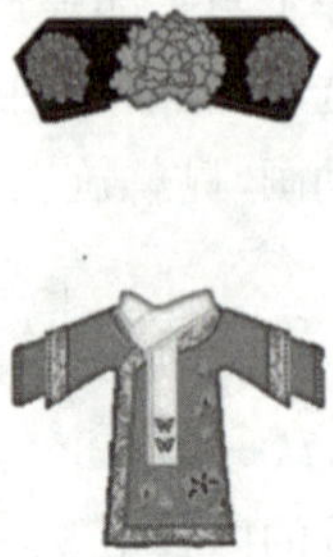

图 6-19

(7) 在页面左上角添加图 6-8 所示的“玩一玩”图形。

(8) 右下角添加图 6-9 所示图形，修改文字为“下一页”，超链接到下一张幻灯片。最终效果如图 6-20 所示。

图 6-20

(9)选定 图 6-18、图 6-19，添加“出现”、“消失”动画。

(10) 图 6-18“出现”动画由对应小图触发，图 6-18“出现”同时，图 6-19“消失”。

(11) 图 6-19“出现”动画由对应小图触发，图 6-19“出现”同时，图 6-18“消失”。

(12)此部分其他换装幻灯片同理设置。

7. 设置切换效果

切换效果可以让课件看起来更加具有艺术性，但是在一个课件中，切换效果不宜过多。

切换效果设置步骤：

(1)按住 Ctrl 键，同时选中封面和封底，设置为“涟漪”切换效果。

(2)选中导航页，设置为“随机线条”切换效果。

(3)其他页面可以设置不同的切换效果，但整个课件的切换效果最好不要超过 5 个，每个环节的切换效果尽量保持一致，但【效果选项】可以不一样。

(4)保存文档，《有趣的服饰》课件制作完成。

温馨提示：

课件制作过程中需要用到大量的图片，很多图片是之前处理好且使用过的，后面如果再次使用，直接粘贴复制即可，不需要再次插入和处理。

点评：

科学性：课件具有较高的科学性，内容科学、规范、无错误，课件属于幼儿园中班社会领域课件，从课件中涉及的内容来看，符合《3—6岁儿童学习与发展指南》。

教学性：课件教学内容涉及完整，主题符合幼儿园保教活动的主题要求，作者从导入(看一看)、学习(认一认)、巩固(玩一玩)三个层次递进完成课件制作，并且都是从幼儿的角度出发，比如第一环节导入是让幼儿"看一看"他们喜欢的动画片视频，通过视频观看不同民族美丽的服饰，再用"认一认"环节进一步辨识常见民族服饰，通过让幼儿"玩一玩"环节，进一步感受不同民族的服饰的美和它们之间的区别，整个过程循序渐进，充满童趣，让幼儿在愉快的情境中完成了学习。

技术性：课件中使用了触发器、切换效果、各种动画效果，对给定的素材进行了必要的处理，并且效果很好；课件互动性比较强，操作简单、快捷、结构合理、演示流畅，能较好地服务于保教活动。

艺术性：课件风格统一，色彩协调，画面设计清晰、新颖、富有童趣，符合幼儿的审美特点。

6.3 案例：幼儿园大班社会领域《环保小能手》

大班的幼儿对社会和生活环境有更多的了解，要求幼儿对事物有自己的认知和判断，可以区分具体事件的好坏和对错。借助多媒体，将学习内容通过有趣的动画直观展示，能够激发幼儿学习兴趣，更容易判断行为的对错，进而形成正确的行为规范。

6.3.1 设计目标

通过此课件的学习，幼儿可以达到如下目标：

1. 能够认真观察图片，可以区分图片内容的不同。
2. 能够了解不保护环境带来的危害，激发保护环境的意识。
3. 能判别污染环境和爱护环境的行为，形成保护环境的习惯。

6.3.2 案例展示

6.3.3 制作课件

1. 制作母版

幻灯片的母版确定课件的主题风格和主体色彩，母版设计的好坏和课件能否成功有很大的关系。

(1)封面封底母版。

【视图】—【幻灯片母版】，选择“标题幻灯片版式”

①插入背景图片6-21，裁剪掉下面文字和房子部分，剩余天空部分格式设置为：高2.32厘米、长25.4厘米、顶端对齐。

②插入背景图片6-21，【格式】—【删除背景】，利用“标记要删除的区域”功能只保留房子和草地区域，裁剪上面多余区域，调整图片大小和位置(如图6-22所示)。

(2)内容页面。

【视图】—【幻灯片母版】，选择“空白版式”

①复制封面封底母版幻灯片中矩形图片，格式设置为：高2.12厘米、长25.4厘米、顶端对齐。

②Ctrl+D复制矩形图片，底端对齐(如图6-23所示)。

图 6-21

图 6-22

图 6-23

(3)关闭母版视图。

2. 制作封面和封底

封面是一个课件的“脸面”，通过封面，学习者可以了解课件基本信息，比如学习内容，对应的领域和年龄层次，更多时候，它还起到了吸引他人兴趣的作用。封底是一个课件结尾，好的结尾会给人留下深刻的印象。

(1)【开始】—【新建】—选择“标题幻灯片”版式。

(2)插入艺术字，选择第六行第三列样式，录入主题文字“环保小能手”，格式设置为：幼圆，88 磅，填充分别为橄榄色(强调文字颜色 3、深色 25%)、橙色(强调文字颜色 6、深色 25%)、水绿色(强调文字颜色 5、深色 25%)、紫色(强调文字颜色 4、深色 25%)、橄榄色(强调文字颜色 3、深色 25%)。

(3)设置文本动画效果为：淡出，与上一动画同时，持续时间 1.5s。

(4)左上角绘制文本框，录入文字“大班社会领域”，格式设置为：微软雅黑，18 磅。

(5)插入图片 6-24，【格式】—【删除背景】，利用“标记要保留的区域”和“标记要删除的区域”功能，保留人物和中间的花朵，调整图片大小，放置到左下角(如图 6-25 所示)。

图 6-24

图 6-25

(6)设置图片动画效果为：跷跷板，与上一动画同时，持续时间 1s。

(7)插入图片 6-26，【格式】—【删除背景】，利用“标记要删除的区域”功能，保留云朵，调整云朵大小，放置到合适位置(如图 6-27 所示)。

图 6-26

图 6-27

(8)按 Ctrl+D 复制云朵图片，调整大小和位置。

(9)设置云朵图片动画效果为：自定义动作路径“向左”，与上一动画同时，持续 5s。

(10) 插入背景图片 6-21，【格式】—【删除背景】，利用“标记要删除的区域”功能只保留绿色大房子。

(11) 设置房子图片动画效果为：脉冲，与上一动画同时，持续时间 2s。

(12) 制作封底页面，复制刚刚完成的页面，将文字修改为“小朋友再见”即可。

封面封底最终效果如图 6-28、图 6-29 所示。

图 6-28

图 6-29

3. 设计导航页

导航页是课件重要构成部分，通过导航页，可以了解本堂课程分为哪几部分；还可以通过导航页链接，快速定位到目标内容，可以使课件的使用更加灵活，具有更好的可控性。

(1)在封面页之后，【开始】—【新建】—选择“空白版式”。

(2)【插入】—【形状】—选择圆角矩形并在页面中绘制。

(3)设置圆角矩形的高度和宽度分别是：2.72 厘米和 7.82 厘米，填充色为橙色(强调文字颜色 6、深色 25%)，无轮廓线，棱台效果设置为“圆”。

(4)在圆角矩形上单击鼠标右键，选择【编辑文字】，录入文字“看一看”。

(5)文本设置为：幼圆，40 磅，加粗，文字阴影，填充紫色(强调文字颜色 4、深色 25%)，轮廓线为白色，棱台效果设置为“艺术装饰”。

(6)插入图片(如图 6-30 所示)，【格式】—【删除背景】，利用“标记要保留的区域”和“标记要删除的区域”功能，保留中间绿色灯泡区域(如图 6-31 所示)，调整合适的大小和角度，放置圆角矩形前面。

图 6-30

图 6-31

(7)组合图片和圆角矩形，效果如图 6-32 所示。

(8)按照上述步骤分别完成“认一认”、“玩一玩”、“结束”，效果依次如图 6-33、图 6-34、图 6-35 所示。

(9)按照图 6-36 所示效果摆放即可。

图 6-32

图 6-33

图 6-34

图 6-35

图 6-36

(10)复制封面幻灯片 6-25 图片，放置左下角。

(11)复制封面幻灯片 6-27 图片，设置动画效果：缩放，上一动画之后，持续 0.5s。将云朵图片在复制三个，调整大小和位置，动画开始时间与第一张云朵图片动画同时。

(12)“结束”按钮插入“动作”效果：单击鼠标时超链接到“最后一张幻灯片”。

4. 制作“看一看”部分内容

幼儿通过观看“环保小卫士”视频，培养幼儿不伤害花草树木，不随便乱扔垃圾，分类回收垃圾，节约用电用水的环保意识。

(1)导航页面之后，【开始】—【新建】—选择“空白版式”。

(2)【插入】—【视频】—【文件中的视频】—选择“环保小卫士”视频插入。

(3)设置视频样式：外部阴影矩形，调整视频大小和位置。

(4)给视频添加“播放”动画。

(5)绘制一个圆角矩形，大小设置为：高度 1 厘米，宽度 4 厘米；形状样式设置为：强烈效果-橙色(强调文字颜色 6)。

(6)在圆角矩形中添加“开始”文字，格式为：华文中宋，24 磅，加粗，文字阴影，紫色(强调文字颜色 4、深色 50%)。在【选择窗格】中将“云形”的名称修改为“开始”，作为“播放”动画的控制按钮。

(7)打开【动画窗格】，点击“播放”动画标签下拉列表中“计时”选项，选择【触发器】—再选择单击“云形：开始”触发视频播放动画。

(8)重复以上 5、6、7 三个步骤，分别完成暂停和结束动画的设置。

(9)页面左上角添加图 6-32 所示“看一看”图形。右下角添加图 6-35 所示图形，修改文字为“返回”，超链接到第二张幻灯片。最终效果如图 6-37 所示。

图 6-37

5. 制作“学一学”部分内容

这一部分的内容主要是让幼儿了解不保护环境会带来什么样的严重后果，进一步培养幼儿环保意识。

(1)“看一看”页面之后，【开始】—【新建】—选择“空白版式”。

(2)在页面左上角添加图 6-33 所示的“学一学”图形。

(3)设置动画效果：翻转式由远及近，与上一动画同时，持续时间 1s。

(4)复制封面幻灯片 6-25 图片，放置左下角，并调整图片大小和位置。

(5)在图片上方绘制“圆角矩形标注”，格式设置为：填充橙色(强调文字颜色 6、淡色 40%)、无轮廓线、棱台效果“圆”。

(6)鼠标右键单击“圆角矩形标注”，右键快捷菜单中选择“编辑文字”，录入文字“这是我们的地球妈妈”，格式设置为：幼圆，28 磅，加粗，文字阴影，水绿色(强调文字颜色 5、深色 25%)。

(7) “圆角矩形标注”设置动画效果：随机线条、上一动画之后、持续时间 0. 5s。

(8)插入图片，图片样式设置为“复杂框架，黑色”，调整图片大小和位置。

(9)设置图片动画效果：淡出、上一动画之后、持续时间 0. 5s。

(10)右下角添加图 6-35 所示图形，修改文字为“下一页”，超链接到下一张幻灯片(最终效果如图 6-38 所示)。

图 6-38

(11)此部分其他幻灯片制作同上一张幻灯片编辑流程。

6. 制作“判一判”部分内容

“玩一玩”部分利用点小图链接大图，幼儿能直观判断图片中行为是否正确，趣味性更强，进一步加深幼儿环保意识。

(1)在“猜一猜”页面之后，【开始】—【新建】—选择“空白版式”。

(2)幻灯片 17 制作：

①在页面左上角添加图 6-34 所示的“判一判”图形。

②设置动画效果：翻转式由远及近，与上一动画同时，持续时间 1s。

③插入图片 6-39、6-40，图片样式设置为“简单框架，黑色”，调整大小和位置。

④设置图片动画效果：淡出、与上一动画同时、持续时间 0. 5s，其中图片 6-40 动

画延迟 0.5s。

⑤幻灯片下方中间绘制横排文本框，录入文字“点击图片放大”，格式设置为：微软雅黑，18 磅。

⑥右下角添加图 6-35 所示图形，修改文字为“下一页”，超链接到幻灯片 20(最终效果如图 6-41 所示)。

图 6-39

图 6-40

图 6-41

(3)制作幻灯片 18：

①复制幻灯片 17，删除图 6-40 和下方文字，调整图 6-39 大小和位置。

②插入图片 6-42，调整大小和位置。

③设置图片动画效果：淡出，上一动画之后，持续时间 0.5s。

④右下角图 6-35 所示图形，修改文字为“返回”，超链接到幻灯片 17(最终效果如图 6-43 所示)。

(4)制作幻灯片 19：

①复制幻灯片 18，右键单击图片，右键快捷菜单中选择“更改图片”将图片替换为 6-40，调整图 6-40 大小和位置。

②同上操作将图片 6-42 替换为图片 6-44，调整大小和位置。(最终效果如图 6-45 所示)。

图 6-42

图 6-43

图 6-44

注：幻灯片中复制一个对象，既包含对象内容，还包含对象格式和动画。

(5)幻灯片 17 中，给图 6-39 插入“超链接”，超链接到幻灯片 18。

(6)幻灯片 17 中，给图 6-40 插入“超链接”，超链接到幻灯片 19。

（7）制作幻灯片 20、21、22：

①制作步骤同幻灯片 17、18、19。

②幻灯片 20 右下角图 6-35 所示图形，修改超链接到幻灯片 2。

7. 设置切换效果

切换效果可以让课件看起来更加具有艺术性，但是在一个课件中，切换效果不宜过多。

切换效果设置步骤：

(1)按住 Ctrl 键，同时选中首页\尾页和导航页，设置为“涟漪”切换效果。

(2)选中“看一看”幻灯片，设置为“百叶窗”切换效果。

(3)其他页面可以设置不同的切换效果，但整个课件的切换效果最好不要超过 5 个，每个环节的切换效果尽量保持一致，但【效果选项】可以不一样。

(4)保存文档，《环保小能手》课件制作完成。

温馨提示：

课件制作过程中需要用到大量的图片，很多图片是之前处理好且使用过的，后面如果再次使用，直接粘贴复制即可，不需要再次插入和处理。

点评：

科学性：课件具有较高的科学性，内容科学、规范、无错误，课件属于幼儿园大班社会领域课件，从课件中涉及的内容来看，符合《3—6 岁儿童学习与发展指南》。

教学性：课件教学内容涉及完整，主题符合幼儿园保教活动的主题要求，作者从导入(看一看)、学习(学一学)、巩固(判一判)三个层次递进完成课件制作，并且都是从幼儿的角度出发，比如第一环节导入是让幼儿“看一看”他们喜欢的动画片视频，通过视频了解保护环境的必要性和方法，“学一学”环节用图片对比的方式，让幼儿了解不保护环境带来的危害，激发保护环境的意识，巩固和拓展环节通过让幼儿“判一判”，能判别污染环境和爱护环境行为，进而形成保护环境的习惯，整个过程循序渐进，充满童趣，让幼儿在愉快的情境中完成了学习。

技术性：课件中使用了触发器、点小图出现大图、切换效果、各种动画效果，对给定的素材进行了必要的处理，并且效果很好；课件互动性比较强，操作简单、快捷，结构合理，演示流畅，能较好地服务于保教活动。

艺术性：课件风格统一，色彩协调，画面设计清晰、新颖、富有童趣，符合幼儿的审美特点。

第七章　科学领域课件

7.1　关于科学领域

幼儿的科学学习是在探究具体事物和解决实际问题中，尝试发现事物间的异同和联系的过程。幼儿在对自然事物的探究和运用数学解决实际生活问题的过程中，不仅获得丰富的感性经验，充分发展形象思维，而且初步尝试归类、排序、判断、推理，逐步发展逻辑思维能力，为其他领域的深入学习奠定基础。

幼儿科学学习的核心是激发探究兴趣，体验探究过程，发展初步的探究能力。成人要善于发现和保护幼儿的好奇心，充分利用自然和实际生活机会，引导幼儿通过观察、比较、操作、实验等方法，学习发现问题、分析问题和解决问题；帮助幼儿不断积累经验，并运用于新的学习活动，形成受益终身的学习态度和能力。

幼儿的思维特点是以具体形象思维为主，应注重引导幼儿通过直接感知、亲身体验和实际操作进行科学学习，不应为追求知识和技能的掌握，对幼儿进行灌输和强化训练。

7.1.1　科学探究

目标 1　亲近自然，喜欢探究

3~4 岁	4~5 岁	5~6 岁
1. 喜欢接触大自然，对周围的很多事物和现象感兴趣 2. 经常问各种问题，或好奇地摆弄物品	1. 喜欢接触新事物，经常问一些与新事物有关的问题 2. 常常动手动脑探索物体和材料，并乐在其中	1. 对自己感兴趣的问题总是刨根问底 2. 能经常动手动脑寻找问题的答案 3. 探索中有所发现时感到兴奋和满足

课件制作建议：

1. 小班科学领域课件在这个目标中可以根据活动目标设计一些日常简单的认知，比如，“白天和黑夜”、“冬天来了”、“有趣的声音”、“主动喝水”、“画线条”等活动，还可以在幻灯片中设置动画“白天和黑夜场景不同”等类似的画面让幼儿进行区分比较。

2. 中班科学领域课件在这个目标中可以设置一些不同的情境，比如可以进一步思考大自然现象，经常带幼儿接触大自然，比如，“有趣的影子”“秋天的水果”“植物的变化”等活动，激发幼儿的好奇心与探究欲望。

3. 大班科学领域课件在这个目标中可以多方面支持和鼓励幼儿的探索行为，比如，“制作小木屋”“颜色泡泡”“组装小火车”“物体沉与浮”等活动，让幼儿做一些简易的有趣实验，锻炼他们的思考问题能力。

目标 2　具有初步的探究能力

3~4 岁	4~5 岁	5~6 岁
1. 对感兴趣的事物能仔细观察，发现其明显特征 2. 能用多种感官或动作去探索物体，关注动作所产生的结果	1. 能对事物或现象进行观察比较，发现其相同与不同 2. 能根据观察结果提出问题，并大胆猜测答案 3. 能通过简单的调查收集信息 4. 能用图画或其他符号进行记录	1. 能通过观察、比较与分析，发现并描述不同种类物体的特征或某个事物前后的变化 2. 能用一定的方法验证自己的猜测 3. 在成人的帮助下能制定简单的调查计划并执行 4. 能用数字、图画、图表或其他符号记录 5. 探究中能与他人合作与交流

课件制作建议：

1. 小班科学领域课件在这个目标中可以有意识地引导幼儿观察周围事物，比如，“树苗成长”“皮球形状”“认识昆虫”等活动。通过提问等方式引导幼儿思考并对事物进行比较观察和连续观察，大胆联想、猜测问题的答案，并设法验证。

2. 中班科学领域课件在这个目标中可以鼓励幼儿在探究的过程中积极动手动脑寻找答案或解决问题，引导幼儿在观察和探索的基础上，尝试进行简单的分类、概括，比如，“豆荚里的秘密”“奇妙的影子”“有趣的纽扣”等活动，激发幼儿的好奇心与探究欲望。

3. 大班科学领域课件在这个目标中可以鼓励和引导幼儿学习做简单的计划和记录，并与他人交流分享，比如，“动物过冬”“认识豆宝宝”“奇妙的水”“报春的花”等活动，帮助幼儿回顾自己的探究过程，讨论自己做了什么，怎么做的，结果与计划目标是否一致，分析一下原因以及下一步要怎样做等。

目标 3　在探究中认识周围事物和现象

3~4 岁	4~5 岁	5~6 岁
1. 认识常见的动植物，能注意并发现周围的动植物是多种多样的 2. 能感知和发现物体和材料的软硬、光滑和粗糙等特性 3. 能感知和体验天气对自己生活和活动的影响 4. 初步了解和体会动植物和人们生活的关系	1. 能感知和发现动植物的生长变化及其基本条件 2. 能感知和发现常见材料的溶解、传热等性质或用途 3. 能感知和发现简单物理现象，如物体形态或位置变化等 4. 能感知和发现不同季节的特点，体验季节对动植物和人的影响 5. 初步感知常用科技产品与自己生活的关系，知道科技产品有利也有弊	1. 能察觉到动植物的外形特征、习性与生存环境的适应关系 2. 能发现常见物体的结构与功能之间的关系 3. 能探索并发现常见的物理现象产生的条件或影响因素，如影子、沉浮等 4. 感知并了解季节变化的周期性，知道变化的顺序 5. 初步了解人们的生活与自然环境的密切关系，知道尊重和珍惜生命，保护环境

课件制作建议：

1. 小班科学领域课件在这个目标中可以有意识地支持幼儿在接触自然、生活事物和现象中积累有益的直接经验和感性认识，比如，“种植小花”“圆圆的轮子”“饲养小猫”“颗粒积木”等活动。让幼儿在游戏过程中探索并感知常见物质、材料的特性和物体的结构特点。

2. 中班科学领域课件在这个目标中可以引导幼儿在探究中思考，尝试进行简单的推理和分析，发现事物之间明显的关联，比如，“可爱的小兔子”“奇妙的树叶”“动物的防身术”“秋娃娃来了”等活动，激发幼儿的好奇心与探究欲望。

3. 大班科学领域课件在这个目标中可以鼓励引导幼儿关注和了解自然、科技产品与人们生活的密切关系，逐渐懂得热爱、尊重、保护自然，比如，“四季变化”、“暴风雨来了”、“梧桐树叶的秘密”、“物体沉与浮”等活动，引导他们体会人与自然、动植物的依赖关系。

7.1.2　数学认知

目标 1　初步感知生活中数学的有用和有趣

3~4 岁	4~5 岁	5~6 岁
1. 感知和发现周围物体的形状是多种多样的，对不同的形状感兴趣 2. 体验和发现生活中很多地方都用到数学	1. 在指导下，感知和体会有些事物可以用形状来描述 2. 在指导下，感知和体会有些事物可以用数来描述，对环境中各种数字的含义有进一步探究的兴趣	1. 能发现事物简单的排列规律，并尝试创造新的排列规律 2. 能发现生活中许多问题都可以用数学的方法来解决，体验解决问题的乐趣

课件制作建议：

1. 小班科学领域课件在这个目标中可以有意识引导幼儿注意事物的形状特征，尝试用表示形状的词来描述事物，体会描述的生动形象性和趣味性，比如，“认识三角形”、“熊猫的样子”、“打电话”、“小鸡糖果店”等活动。鼓励幼儿产生联想，并用自己的语言进行描述，适当地运用一些有关形状的词汇来描述事物。

2. 中班科学领域课件在这个目标中可以引导幼儿感知和体会生活中很多地方都用到数，关注周围与自己生活密切相关的数的信息，体会数可以代表不同的意义。比如，“电话号码”“认识时钟”“商品价钱”“认识温度计”等活动，让幼儿了解和感受数用在不同的地方，表示的意义是不一样的，鼓励幼儿尝试使用数的信息进行一些简单的推理。比如知道今天是星期五，能推断明天是星期六，爸爸妈妈休息。

3. 大班科学领域课件在这个目标中可以引导幼儿观察发现按照一定规律排列的事物，体会其中的排列特点与规律，并尝试自己创造出新的排列规律。比如，“四季变化”“排列图形”“跳绳多少”“拼摆花蕊”等活动，鼓励和支持幼儿发现、尝试解决日常生活中需要用到数学的问题，体会数学的用处。

目标 2　感知和理解数、量及数量关系

3~4 岁	4~5 岁	5~6 岁
1. 能感知和区分物体的大小、多少、高矮长短等量方面的特点，并能用相应的词表示 2. 能通过一一对应的方法比较两组物体的多少 3. 能手口一致地点数 5 个以内的物体，并能说出总数。能按数取物 4. 能用数词描述事物或动作。如我有 4 本图书	1. 能感知和区分物体的粗细、厚薄、轻重等量方面的特点，并能用相应的词语描述 2. 能通过数数比较两组物体的多少 3. 能通过实际操作理解数与数之间的关系，如 5 比 4 多 1；2 和 3 合在一起是 5 4. 会用数词描述事物的排列顺序和位置	1. 初步理解量的相对性 2. 借助实际情境和操作（如合并或拿取）理解“加”和“减”的实际意义 3. 能通过实物操作或其他方法进行 10 以内的加减运算 4. 能用简单的记录表、统计图等表示简单的数量关系

课件制作建议：

1. 小班科学领域课件在这个目标中可以有意识地引导幼儿学习通过对应或数数的方式比较物体的多少。比如，“比高矮”“帮积木宝宝回家”“认识数字 3”等活动。鼓励幼儿产生联想，感知常见事物的大小、多少、高矮、粗细等量的特征，学习使用相应的词汇描述这些特征。

2. 中班科学领域课件在这个目标中可以利用生活和游戏中的实际情境，引导幼儿理解数概念。比如，“按数取物”“数纽扣”等活动，让幼儿体会物体的数量不会因排列形式、空间位置的不同而发生变化。

3. 大班科学领域课件在这个目标中可以引导幼儿通过实物操作引导幼儿理解数与数之间的关系，并用“加”或“减”的办法来解决问题。比如，“分饼干”“小动物来做客”“逛超市”等活动，让幼儿尝试不同的分法，体会数学的用处。

目标3　感知形状与空间关系

3~4岁	4~5岁	5~6岁
1. 能注意物体较明显的形状特征，并能用自己的语言描述 2. 能感知物体基本的空间位置与方位，理解上下、前后、里外等方位词	1. 能感知物体的形体结构特征，画出或拼搭出该物体的造型 2. 能感知和发现常见几何图形的基本特征，并能进行分类 3. 能使用上下、前后、里外、中间、旁边等方位词描述物体的位置和运动方向	1. 能用常见的几何形体有创意地拼搭和画出物体的造型 2. 能按语言指示或根据简单示意图正确取放物品 3. 能辨别自己的左右

课件制作建议：

1. 小班科学领域课件在这个目标中可以有意识引导幼儿感受生活中各种物品的形状特征，并尝试识别和描述。比如，“认识常见物品”“制作汽车”等活动。如把桌子下面的东西放到窗台上，把花盆放在大树旁边等。鼓励并支持幼儿用积木、纸盒、拼板等各种形状材料进行建构游戏或制作活动。

2. 中班科学领域课件在这个目标中可以引导幼儿注意观察生活物品的图形特征，鼓励他们按形状分类整理物品。比如，“拼摆图形”“数纽扣”“拼雪花片”等活动，如用长方形的纸盒加两个圆形瓶盖制作“汽车”。收拾整理积木时，引导幼儿体验图形之间的转换。如两个三角形可组合成一个正方形，两个正方形可组合成一个长方形。

3. 大班科学领域课件在这个目标中可以引导幼儿丰富幼儿空间方位识别的经验，引导幼儿运用空间方位经验解决问题。比如，“分左和右两个方向”“找宝游戏”“走地图”等活动，让幼儿在体育、音乐和舞蹈活动中，引导幼儿感受空间方位和运动方向。

7.2　案例：幼儿园大班科学领域《小动物的家》

大班幼儿对探索周围的事物、现象、好奇心和求知欲的要求相对中班小班比较高，一般表现为能经常动手寻找问题的答案，能够用心通过观察、比较与分析，发现并描述物体的特征变化，在探究中学会与他人合作、分享与交流，发现生活中许多问题可以用数学方法来解决，从而激发幼儿体验探究的欲望。

《小动物的家》主题设计，主要是让幼儿认识动物的家，发展分析幼儿概括能力，培养幼儿环保意识及爱护小动物的情感。

7.2.1 设计目标

通过此课件，幼儿可以达到如下目标：

1. 能够认真观察图形，大胆讲述图片内容。
2. 鼓励幼儿产生联想，并用自己的语言进行描述小动物的家分别在哪里。
3. 感受不同小动物家的位置、丰富幼儿空间方位识别的经验情感。

7.2.2 案例展示

7.2.3 制作课件

1. 制作母版

(1)封面封底母版。

a.【视图】—【幻灯片母版】，选择“标题幻灯片版式”，插入图片(如图 7-1 所示)，调整图片大小为高 1.92 厘米，宽 25.4 厘米，放置幻灯片顶部即可。

b. 插入图片(如图 7-2 所示)，调整图片大小为高 2.8 厘米，宽 25.98 厘米，放置幻灯片底部即可。

c. 设置背景格式为“白色”。

d. 绘制不规则形状：【插入】—【形状】，选择“矩形工具”，拖动一个矩形，高 5.61 厘米，宽 21.96 厘米，然后选中该矩形，【格式】—【编辑形状】—【编辑顶点】，按住 Ctrl 辅助键，在矩形四周边线上设置控制点，更改矩形的形状(如图 7-3)；然后放到图片 7-2 上方靠左侧，图形置于底层。

图 7-1

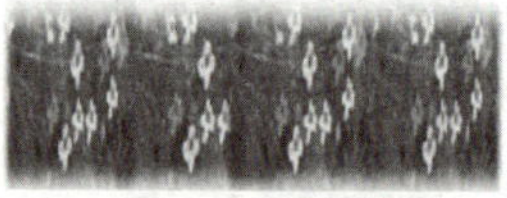

图 7-2

图 7-3

（2）内容页面。

【视图】—【幻灯片母版】，选择“空白版式”，然后把“标题幻灯片版式”的内容全部复制到该幻灯片上，选中图形 7-3，按键盘的 Delete 键删除掉即可。

（3）关闭母版。

2. 制作封面和封底

（1）【开始】—【新建】—选择“标题幻灯片”。

（2）插入文本框，录入主题文字“小动物的家”，字体设置为：华文琥珀；字号为：96 磅；文本填充设置为：红色；添加文字阴影效果。

（3）设置文本动画效果为：淡出，与上一动画同时。

（4）插入文本框，录入文字“幼儿园大班科学领域”，字体设置为：微软雅黑；字号设置为：18 磅；鼠标拖动放置页面左上角。

（5）插入图片（如图 7-4 所示、如图 7-5 所示、如图 7-6 所示、如图 7-7 所示），放到页面合适的位置上。

图 7-4

图 7-5

图 7-6

图 7-7

（6）制作封底页面，复制刚刚完成的页面，将文字修改为“小朋友再见”即可。

3. 设计导航页

（1）在封面页之后，【开始】—【新建】—选择“空白版式”。

（2）【插入】—【形状】—选择圆角矩形并在页面中绘制。

（3）设置圆角矩形的高度和宽度分别是：2. 7 厘米和 6. 29 厘米；在【格式】中设置形状样式为：中等效果—红色，强调颜色 2。

（4）在圆角矩形上单击鼠标右键，选择【编辑文字】，录入文字“看一看”。

（5）字体设置为：微软雅黑；字号设置为：44 磅；文本填充设置为：白色；文本阴

影效果。

(6)插入图片(如图7-5所示)，调整至合适大小，放置圆角矩形前面。

(7)组合图片和圆角矩形。

(8)按照上述步骤完成“学一学”、“玩一玩”几个步骤。

(9)按照图7-8所示效果摆放即可。

图7-8

4. 制作“看一看”部分内容

此部分内容是让幼儿通过观看视频，了解与小动物家相关的一些知识。

(1)【插入】—【视频】—【文件中的视频】—选择视频插入。

(2)给视频设置“播放”动画。

(3)添加一个圆角矩形，大小设置为：高度1.2厘米，宽度2.8厘米；形状样式设置为：中等效果-橄榄色。

(4)在圆角矩形中添加“播放”文字，并在【选择窗格】中将圆角矩形的名称修改为“播放”，准备作为“播放”动画的控制按钮。

(5)打开【动画窗格】，选择“播放”动画效果，选择【触发】—再选择单击“播放”即可。

(6)重复以上5个步骤，分别完成暂停和停止动画的设置。

(7)页面左上角添加“看一看”图形。

(8)第4张幻灯片制作：

①【开始】—【新建】—选择“空白幻灯片”。

②【插入】—【艺术字】—选择“填充—红色，强调文字颜色2，粗糙棱台”，录入文字“小狗吉米去干什么?”，字体：幼圆；字号：40磅。

③选中艺术字，【开始】—【段落】—选择“文字方向”，“竖排”；放到幻灯片左侧合适位置。

④插入图片(如图7-10所示)，放到页面右侧合适的位置上；设置该图片动画效果

为：强调动画—闪烁，与上一动画同时，持续时间0.5s；再次选择该图片，再添加强调动画—闪烁，与上一动画同时，持续时间0.5s，延迟0.25s。

⑤选中图片7-9，设置动画效果为：进入动画—淡出，单击时，持续时间0.5s；打开【效果选项】，选择“计时”选项卡，选择【触发】—再选择文本“小狗吉米去干什么?”即可。

5. 制作“学一学”部分内容

此部分内容是让幼儿了解不同小动物居住的环境，热爱家的感觉。

(1)第5张幻灯片的制作

①【开始】—【新建】—选择“空白幻灯片”。

②插入图片(如图7-11所示)，高：15.9厘米；宽：13.52厘米；放到页面右侧合适的位置上。

图7-9

图7-10

图7-11

③【插入】—【形状】—选择云形标注并在页面中绘制，并录入文字“这是我的家”。

④插入图片(如图7-12所示)，放到页面左下侧合适的位置上；设置动画效果为：自定义路径(画到树洞口里)，单击时，持续时间4s；打开【效果选项】，选择“计时”选项卡，选择【触发】—选择图片“图7-12”即可。

⑤选择图7-12，强调动画，放大缩小效果，与上一动画同时，持续3s。

同样【触发】图7-12即可。

⑥选择图7-12，退出动画，消失，上一动画之后，持续自动；同样【触发】图7-12即可。

⑦选择图7-13，进入动画，出现，与上一动画同时；同样【触发】图7-12即可。

图7-12

图7-13

⑧选择云形标注图形，进入动画，淡出，上一动画之后；同样【触发】图 7-12 即可；完成效果动画条如图 7-14 所示。

⑨页面左上角添加“学　学”标题。

(2)第 6 张幻灯片的制作

①【开始】—【新建】—选择“空白幻灯片”。

②插入图片(如图 7-15 所示)，高：9.8 厘米；宽：10.46 厘米；放到页面右上侧合适的位置上。

③插入图片(如图 7-16 所示)，高：3.59 厘米；宽：13.06 厘米；放到如图合适的位置上；设置动画效果：进入动画—淡出，与上一动画同时，【触发器】图 7-17 即可。

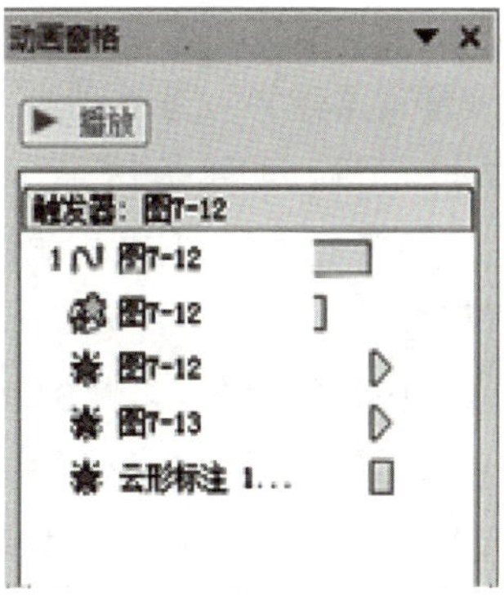

图 7-14

图 7-15

图 7-16

图 7-17

④插入图片(如图 7-17 所示)，放到如图右下方合适的位置上，使 2 图重叠在一起；一起设置动画效果：强调动画—闪烁，单击时，持续时间：0.2s；强调动画—放大缩小，与上一动画同时，持续时间 0.4s，延迟 0.1s；自定义路径，持续时间 4s，与上一动画同时；退出动画—消失，上一动画之后；所有动画条【触发器】图 7-17 即可；如图 7-18 所示。

图 7-18

⑤【插入】—【形状】—选择云形标注并在页面中绘制，并录入文字“这是我的家”。设置动画效果：进入动画—淡出，上一动画之后，持续时间 0.5s；动画条【触发器】图 7-17 即可；如图 7-18 所示。

⑥【插入】—【文本框】—选择横排文本框，并录入文字“点击小蜜蜂”，放到“下一页”按钮上方。

(3) 第 7 张幻灯片的制作。

①【开始】—【新建】—选择“空白幻灯片”。

②插入图片(图 7-19 所示)，高：8.96 厘米；宽：11.64 厘米，放到页面右下方合适的位置上。

③插入图片(图 7-20 所示)，高：4.5 厘米；宽：6.83 厘米，放到右上方合适的位置上；设置动画效果：自定义路径，单击时，持续时间 5s；强调动画-放大缩小，与上一动画同时，持续时间 4s；延迟 0.5s；退出动画—消失，上一动画之后；所有动画条目设置【触发器】，触发对象为图 7-20。

④插入图片(图 7-21 所示)，高：3.14 厘米；宽：4.76 厘米，放到图 7-19 上方合适的位置上；设置动画效果：进入动画-出现，与上一动画同时，动画条目设置触发对象为图 7-24。

图 7-19

图 7-20

图 7-21

⑤【插入】—【形状】—选择云形标注并在页面中绘制，并录入文字“这是我的家”。字体：楷体；字号：32 磅；设置动画效果：进入动画—淡出，上一动画之后，持续时间 0.5s；动画条设置触发对象为图 7-23。

⑥【插入】—【文本框】—选择横排文本框，并录入文字“点击小蚂蚁”，放到“下一页”按钮上方。

(4) 第 8 张幻灯片的制作。

①【开始】—【新建】—选择“空白幻灯片”。

②插入图片(图 7-22 所示)，高：11.67 厘米；宽：15.56 厘米，放到页面偏左合适的位置上；设置动画效果：进入动画—擦除，单击时，持续时间 0.5s；动画条目设置触发对象为图 7-23。

③【插入】—【形状】—选择云形标注并在页面中绘制，并录入文字“这是我的家”。字体：楷体；字号：32 磅；设置动画效果：进入动画—淡出，上一动画之后，持续时

间 0.5s；动画条设置触发对象为图 7-23。

④【插入】—【文本框】—选择横排文本框，并录入文字“点击企鹅”，放到“下一页”按钮上方。

（5）第 9 张幻灯片的制作

制作方法同第 8 张幻灯片类似。

图 7-22

图 7-23

图 7-24

6. 制作“玩一玩”部分内容

（1）第 10 张幻灯片制作。

①【开始】—【新建】—选择“空白幻灯片”。

②插入图 7-10、图 7-12、图 7-17、图 7-20 图 7-23 和图 7-24，放到幻灯片合适的位置上。

③【插入】—【形状】—选择云形标注并在页面中绘制，并录入文字“我送你们回家吧”。字体：楷体；字号：28 磅；设置动画效果：进入动画—淡出。

（2）第 11 张幻灯片制作。

①【开始】—【新建】—选择“空白幻灯片”。

②【插入】—【文本框】—选择竖排文本框，并录入文字“点击小动物”，放到幻灯片左下侧的位置。

③插入图片（如图 7-25 所示），放到幻灯片合适的位置上。

图 7-25

④设置图片动画效果：以图片“小蜜蜂”为例。

选中图 7-17，自定义路径，单击时，持续时间 2s；退出动画-消失，上一动画之后；动画条目设置触发对象为图 7-17。

选中图 7-16，进入动画—出现，与上一动画同时；动画条目设置触发对象为图 7-17 即可。

其他小动物图片动画设置方法与上面类似。

⑤【插入】—【形状】—选择椭圆工具并在页面中绘制如上图合适大小的圆，形状填充：深蓝，文字 2，淡色 80%；形状轮廓：浅蓝；粗细：4.5 磅；设置动画效果：退出动画—淡出，单击时，持续时间 0.5s；动画条目设置触发对象椭圆图形自身。

温馨提示：

课件制作过程中需要用到大量的动画效果，为了节约制作时间，相同的动画效果可以采用“动画刷”直接复制即可。

点评：

科学性：课件具有较高的科学性，内容科学、规范、无错误，课件属于幼儿园中班科学领域课件，从课件中涉及的内容来看，符合《3—6 岁儿童学习与发展指南》。

教学性：课件教学内容涉及完整，主题符合幼儿园保教活动的主题要求，作者从导入(看一看)、学习(学一学)、巩固(玩一玩)三个层次递进完成课件制作，并且都是从幼儿的角度出发，比如第一环节导入是让幼儿“看一看”他们喜欢的动画片视频，通过视频了解要学习的内容“小动物分别住在哪里?”，再用“学一学”环节激发幼儿对未知环节的兴趣，学习环节用“学一学”看图片的方式，让幼儿了解不同的小动物家住的位置不一样，巩固和拓展环节通过让幼儿“玩一玩”，进一步巩固所学的知识，整个过程循序渐进，充满童趣，让幼儿在愉快的情境中完成学习。

技术性：课件中使用了触发器、切换效果、各种动画效果，对给定的素材进行了必要的处理，并且效果很好；课件互动性比较强，操作简单、快捷、结构合理、演示流畅，能较好地服务于保教活动。

艺术性：课件风格统一，色彩协调，画面设计清晰、新颖、富有童趣，符合幼儿的审美特点。

7.3 案例：幼儿园中班数学领域《有趣的图形宝宝》

《有趣的图形宝宝》主题设计，是为了让幼儿认识日常生活中的常见图形的基本特征，能够区分4种几何图形，通过创设愉悦的游戏情节，发展幼儿的观察力和创造性思维，激发幼儿探知的欲望，

7.3.1 设计目标

通过此课件，幼儿可以达到如下目标：

1. 能够认真观察图形，并大胆讲述图片内容。
2. 能用简短形象的语言描述出图形和图形组合的物品。
3. 感受图形之间的变化组合、幼儿协作完成作品的团结合作情感。

7.3.2 案例展示

7.3.3 制作课件

1. 制作母版

(1)封面母版。

【视图】—【幻灯片母版】，选择“标题幻灯片版式”，背景格式设置为“深黄”，“全部应用”所有幻灯片。

【插入】—【形状】，选择“矩形”工具，绘制如图所示合适的大小矩形，填充为“白

色”，轮廓线为“无色”，形状效果设为“棱台—圆”，设置对齐方式为“左右居中”，“上下居中”。选中矩形，单击鼠标右键，选择“编辑文字”，录入文字“有趣的图形宝宝”，“华康少女文字”、字号“88 磅”，并设置如图所示的字体颜色。

【插入】—【图片】，如图 7-26 所示，放到合适的位置上。

图 7-26

(2)内容页面。

【视图】—【幻灯片母版】，选择“标题和内容版式”，【插入】—【形状】，选择“圆角矩形”工具，绘制如图所示合适的大小圆角矩形，并设置相对幻灯片水平和垂直居中对齐。形状效果为“阴影—外部—居中偏移”。

(3)关闭母版视图。

【幻灯片母版】—【关闭母版视图】

2. 设计导航页

(1)在标题幻灯片之后，【开始】—【新建】—选择“空白版式”。

(2)【插入】—【形状】—选择圆角矩形并在页面中绘制。

(3)设置合适圆角矩形的高度和宽度；在【格式】中设置形状样式为：中等效果—橙色，强调颜色 6。

(4)在圆角矩形上单击鼠标右键，选择【编辑文字】，录入文字“看一看”。

(5)字体设置为：幼圆；字号设置为：32 磅。

(6)插入图片(如图 7-27 所示)，调整至合适大小，放置圆角矩形前面。

(7)组合图片和圆角矩形。

(8)按照上述步骤完成“认一认”“变一变”“玩一玩”几个步骤。

(9)按照图 7-28 所示效果摆放即可。

图 7-27

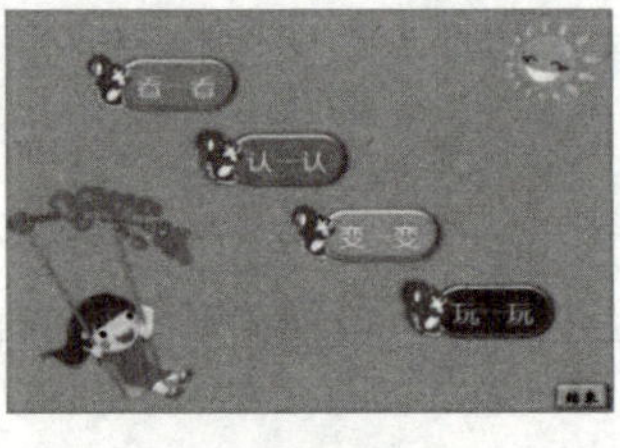

图 7-28

3. 制作“看一看”部分内容

此部分内容是让小朋友通过观看视频，了解图形相关的一些知识。

(1)页面左上角添加“看一看”图形：【插入】—【形状】，选择“波形”工具并在页面中绘制合适大小，在波形上单击鼠标右键，选择【编辑文字】，录入文字“看一看”，填充“水绿色，强调文字颜色5”，轮廓线颜色为“白色”。插入图片(如图7-29所示)，调整至合适大小，放置波形前面并组合为一个整体。

(2)【插入】—【视频】—【文件中的视频】—选择视频插入。

(3)给视频设置“播放”动画。

(4)添加一个圆角矩形，大小设置为：高度1.2厘米，宽度2.2厘米；形状样式设置为：中等效果-橙色，强调文字颜色6，淡色40%；形状效果—棱台—圆。

(5)在圆角矩形中添加“播放”文字，并在【选择窗格】中将圆角矩形的名称修改为“播放”，准备作为“播放”动画的控制按钮。

(6)打开【动画窗格】，选择“播放”动画效果，选择【触发】—再选择单击“播放”即可。

(7)重复以上5个步骤，分别完成暂停和停止动画的设置如图7-30所示。

图7-29

图7-30

4. 制作“认一认”部分内容

此部分的内容主要是承上启下，从视频中提取出与本次活动相关的内容。

(1)第4张幻灯片内容。

插入如图所示7-31图片，放到幻灯片中合适的位置，【插入】—【形状】，选择“云形标注”工具拖动大小合适的图形，并添加文字“你认识它们吗?”，填充“蓝色，强调文字颜色1，淡色60%”。

图7-31

(2)第5张幻灯片内容。

【插入】—【形状】，选择“椭圆”工具，按住Shift键，拖动大小合适的图形放到幻灯片合适的位置上，并使用“自由曲线”工具，绘制眉毛、眼睛和嘴巴 ；绘制“心形”图案并填充为“红色”；【插入】—【文本框】—【横排文本框】，输入文字内容为：圆形宝宝，华康少女，28 磅；将“心形”图案和文本框组合成一个整体，并添加“强调动画—脉冲”效果。

第 6、7、8 张幻灯片重复以上步骤。

(3)第 9 张幻灯片内容。

【插入】—【图片】，放到合适的位置，根据图片大小，运用【插入】—【形状】，选择“椭圆”工具，画出跟表盘一样大小合适的圆形，填充为“无颜色”，形状轮廓为“红色”；选中圆形，【动画】—【添加动画】—【路径动画】，“向右”路径动画，【触发】表盘图片即可。

【插入】—【形状】，选择“圆角矩形”工具，画出合适大小，并添加文字“点击图片”。填充颜色“橄榄色”。

第 10、11、12 张幻灯片方法类似。

5. 制作“变一变”部分内容

此部分的内容主要是让小朋友善于联想理解图形组合。

(1)第 14 张幻灯片内容

【插入】—【图片】，调整图片大小，高：10. 55 厘米，宽 14. 07 厘米，然后放到合适的位置上(如图 7-32 所示)，然后【插入】—【图片】，将“？”图片放到幻灯片右侧合适的位置上(如图 7-33 所示)，高：6. 28 厘米，宽 3. 52 厘米；选中“？”图片，点击【动画】—【添加动画】—【进入动画】，选择“擦除”效果，方向“自顶部”，开始为“与上一动画同时”，期间为“0. 5S”；选中“？”图片，【添加动画】—【退出动画】，选择“消失”效果，效果选项—计时—触发器，单击下列选项启动效果：选择图 7-33。

图 7-32

图 7-33

(2)第 15 张幻灯片内容。

【插入】—【形状】，选择“三角形”工具，按住 Shift 键，拖动大小合适的三角形放到幻灯片合适的位置上，然后用“心形”工具，绘制合适大小心形，并添加文字“1”；【插入】—【形状】—【横排文本框】，输入文字“三角形”；然后将“三角形”图形、心形标号和文本框三个对象组合为一个整体，选中该整体，【添加动画】—【进入动画】，选择“飞入”效果，开始为“与上一动画同时”，方向为“自左侧”，期间为“0. 5s”。

其他圆形、正方形和长方形设置方法同上。

6. 制作“玩一玩”部分内容

此部分的内容主要是让小朋友动脑筋思考完成图形游戏。

第 17 张幻灯片内容：

在幻灯片中，【插入】—【图片】，调整图片大小为，高：11.35 厘米，宽：15.11 厘米，如图 7-34 所示；并设置该图片为【添加动画】—【进入动画】，选择“随机线条”效果，开始为“上一动画之后”，方向为“水平”，时间为“0.5s”。

图 7-34

文字部分：【插入】—【形状】，选择“心形”工具，绘制合适大小的心形，并添加文字为“1”，华文新魏，20 磅；【插入】—【形状】—【横排文本框】，输入文字“拼图”，华康少女字体，20 磅；然后将“心形”图案和文本框组合成一个整体，放到幻灯片的左下角合适的位置上。

第 17、18 张幻灯片做法类似。

温馨提示：

课件制作过程中如果使用相同的版式或图片或动画效果，可以直接复制即可。

点评：

科学性：课件具有较高的科学性，内容科学、规范、无错误，课件属于幼儿园中班科学领域课件，从课件中涉及的内容来看，符合《3—6 岁儿童学习与发展指南》。

教学性：课件教学内容完整，主题符合幼儿园保教活动的主题要求，作者从导入（看一看）、学习（认一认、变一变）、巩固（玩一玩）三个层次递进完成课件制作，并且都是从幼儿的角度出发，比如第一环节导入是让幼儿“看一看”他们喜欢的动画片视频，通过视频了解要学习的内容“三角形、正方形、圆形、长方形”等图形样式，再用“认一认”环节激发幼儿对未知环节的兴趣，学习环节用看图片的方式，让幼儿了解图形外观的不同，巩固和拓展环节通过让幼儿“变一变”和“玩一玩”，进一步巩固所学知识，整个过程循序渐进，充满童趣，让幼儿在愉快的情境中完成学习。

技术性：课件中使用了触发器、切换效果、各种动画效果，对给定的素材进行了必要的处理，并且效果很好；课件互动性比较强，操作简单、快捷、结构合理、演示流畅，能较好地服务于保教活动。

艺术性：课件风格统一，色彩协调，画面设计清晰、新颖、富有童趣，符合幼儿的审美特点。

第八章　艺术领域课件

8.1　关于艺术领域

艺术是人类感受美、表现美和创造美的重要形式，也是表达自己对周围世界的认识和情绪态度的独特方式。

每个幼儿心里都有一颗美的种子。幼儿艺术领域学习的关键在于充分创造条件和机会，在大自然和社会文化生活中萌发幼儿对美的感受和体验，丰富其想象力和创造力，引导幼儿学会用心灵去感受和发现美，用自己的方式去表现和创造美。

幼儿对事物的感受和理解不同于成人，他们表达自己认识和情感的方式也有别于成人。幼儿独特的笔触、动作和语言往往蕴含着丰富的想象和情感，成人应对幼儿的艺术表现给予充分的理解和尊重，不能用自己的审美标准去评判幼儿，更不能为追求结果的“完美”而对幼儿进行千篇一律的训练，以免扼杀其想象与创造的萌芽。

8.1.1　感受与欣赏

目标 1　喜欢自然界与生活中美的事物

3~4 岁	4~5 岁	5~6 岁
1. 喜欢观看花草树木、日月星空等大自然中美的事物 2. 容易被自然界中的鸟鸣、风声、雨声等好听的声音所吸引	1. 在欣赏自然界和生活环境中美的事物时，关注其色彩、形态等特征 2. 喜欢倾听各种好听的声音，感知声音的高低、长短、强弱等变化	1. 乐于收集美的物品或向别人介绍所发现的美的事物 2. 乐于模仿自然界和生活环境中有特点的声音，并产生相应的联想

课件制作建议：

1. 和幼儿一起感受、发现和欣赏自然环境和人文景观中美的事物。

对于大多数处在都市之中的幼儿园来说，想让幼儿直接接触大自然，感受和欣赏美丽的景色和好听的声音这种可能性比较小，所以借助课件可以向幼儿展示这些平时他们很难接触到的景色和声音，比如风吹的声音、鸟叫的声音、公鸡打鸣的声音等。

通过课件可以带领幼儿参观园林、名胜古迹等人文景观，讲讲有关的历史故事、传说，与幼儿一起讨论和交流对美的感受。

2. 和幼儿一起发现美的事物的特征，感受和欣赏美。

很多细微的事物，比如植物叶子的经脉，可以通过课件放大，让幼儿观察，引导幼儿用自己的语言、动作等描述它们美的方面。

借助课件可以模仿各种声音，让幼儿倾听和分辨各种声响，引导幼儿用自己的方式来表达他对音色、强弱、快慢的感受。

目标 2　喜欢欣赏多种多样的艺术形式和作品

3~4 岁	4~5 岁	5~6 岁
1. 喜欢听音乐或观看舞蹈、戏剧等表演 2. 乐于观看绘画、泥塑或其他艺术形式的作品	1. 能够专心地观看自己喜欢的文艺演出或艺术品，有模仿和参与的愿望 2. 欣赏艺术作品时会产生相应的联想和情绪反应	1. 艺术欣赏时常常用表情、动作、语言等方式表达自己的理解 2. 愿意和别人分享、交流自己喜爱的艺术作品和美感体验

课件制作建议：

1. 创造条件让幼儿接触多种艺术形式和作品。

如果条件不允许，使用课件就是最好的选择，比如各种形式的音乐作品，丰富幼儿对音乐的感受和体验；各种形式的传统民间艺术和地方民俗文化活动，如皮影戏、剪纸和捏面人等；如果没有条件带幼儿去美术馆、博物馆这些地方现场欣赏，可以举办一场电子版的艺术作品欣赏。

2. 尊重幼儿的兴趣和独特感受，理解他们欣赏时的行为。

在使用课件欣赏艺术作品的过程中，应该理解和尊重幼儿在欣赏艺术作品时的各种行为，不能因为幼儿打断了课件的播放而批评幼儿。

8. 1. 2　表现与创造

目标 1　喜欢进行艺术活动并大胆表现

3~4 岁	4~5 岁	5~6 岁
1. 经常自哼自唱或模仿有趣的动作、表情和声调 2. 经常涂涂画画、粘粘贴贴并乐在其中	1. 经常唱唱跳跳，愿意参加歌唱、律动、舞蹈、表演等活动 2. 经常用绘画、捏泥、手工制作等多种方式表现自己的所见所想	1. 积极参与艺术活动，有自己比较喜欢的活动形式 2. 能用多种工具、材料或不同的表现手法表达自己的感受和想象 3. 艺术活动中能与他人相互配合，也能独立表现

课件制作建议：

1. 创造机会和条件，支持幼儿自发的艺术表现和创造。

音乐活动相关的课件更多的是辅助播放音乐、展示音乐动画等，所以生动的动画形式和音乐节奏，是音乐课件常见的表现形式，如《蚂蚁搬家》音乐活动，采用分句的形式，用动画和打节奏的方式让幼儿学唱，这样歌词和情景融合，更容易让幼儿理解和记忆。

美工活动相关课件更多的是使用课件展示制作步骤，帮助幼儿分析要绘制物品的结构和主要特点，比如画树叶，教师可以使用课件放大树叶，便于幼儿观察，教师用语言描述不同树叶的区别，让幼儿对树叶的特点有一定的了解之后，再开始绘画。

2. 营造安全的心理氛围，让幼儿敢于并乐于表达表现。

目标 2　具有初步的艺术表现与创造能力

3~4 岁	4~5 岁	5~6 岁
1. 能模仿学唱短小歌曲 2. 能跟随熟悉的音乐做身体动作 3. 能用声音、动作、姿态模拟自然界的事物和生活情景 4. 能用简单的线条和色彩大体画出自己想画的人或事物	1. 能用自然的、音量适中的声音基本准确地唱歌 2. 能通过即兴哼唱、即兴表演或给熟悉的歌曲编词来表达自己的心情 3. 能用拍手、踏脚等身体动作或可敲击的物品敲打节拍和基本节奏 4. 能运用绘画、手工制作等表现自己观察到或想象的事物	1. 能用基本准确的节奏和音调唱歌 2. 能用律动或简单的舞蹈动作表现自己的情绪或自然界的情景 3. 能自编自演故事，并为表演选择和搭配简单的服饰、道具或布景 4. 能用自己制作的美术作品布置环境、美化生活

课件制作建议：

课件是辅助教育的一种形式，所以尊重幼儿自发的表现和创造，并给予适当的指导也是在课件中需要体现出来的。

比如《大树的花花衣》中观察斑马、孔雀等各种动物的“衣服”，用课件可以放大，让幼儿细心观察、体验，为艺术活动积累经验与素材。

美工活动类课件，幼儿绘画时，不宜提供范画，特别不应要求幼儿完全按照范画来画。

8.2　案例：幼儿园中班艺术领域《大树的花花衣》

中班的幼儿对美好的事物有了初步的认知，借助多媒体，将大自然和社会文化生活中的内容，通过有趣的动画直观展示给幼儿，萌发幼儿对美的感受和体验，丰富其想象力和创造力，引导幼儿学会用心灵去感受和发现美，用自己的方式去表现和创造美。

8.2.1 设计目标

通过此课件的学习，幼儿可以达到如下目标：

1. 能够认真观察图片，描述动物们美丽的衣服。
2. 能够动手绘制美丽的衣服。
3. 感受动植物的美，进而认知大自然的美，激发保护大自然的意识。

8.2.2 案例展示

8.2.3 制作课件

1. 制作母版

幻灯片的母版确定课件的主题风格和主体色彩，母版设计的好坏和课件能否成功有很大的关系。

(1)主母版幻灯片。

【视图】—【幻灯片母版】，选择“主母版幻灯片”

设置母版背景：【背景样式】—【纯色填充】—水绿色(强调文字颜色 5、淡色 40%)

(2)封面封底母版。

【视图】—【幻灯片母版】，选择“标题幻灯片版式”

· 插入图片 8-1，格式设置为：高 10 厘米、宽 25.4 厘米，调整图片到合适位置。

· 选定图片，格式选项卡【颜色】—【设置透明色】，点击图片四周白色区域，将图片四周白底设置为透明效果。

· 插入图片 8-2，【格式】—【删除背景】，利用“标记要删除的区域”功能只保留树，裁剪多余区域，如图 8-3 所示，调整图片大小和位置。

图 8-1

图 8-2

图 8-3

· 按 Ctrl+D 复制图片 8-3 两次，调整图片大小和位置，然后组合(如图 8-4 所示)。

· 设置组合图片动画效果为：脉冲，与上一动画同时，持续时间 1s；跷跷板、与上一动画同时、持续时间 1s。

封面封底母版最终效果如图 8-5 所示。

图 8-4

图 8-5

(3) 内容页面。

【视图】—【幻灯片母版】，选择 “空白版式”

· 插入图片 8-6，格式设置为：高 18.8 厘米、宽 23.6 厘米，利用图片格式选项卡【颜色】—【设置透明色】指令删除图片四周白底背景，调整图片到合适位置。

· 插入图片 8-7，利用图片格式选项卡【颜色】—【设置透明色】指令删除图片绿底背景，剪切图片多余部分，格式设置为：高 3.25 厘米、宽 7.25 厘米，旋转 334°，调整图片到合适位置。

· 复制图片 8-3，格式设置为：高 6.6 厘米、宽 3.5 厘米，调整图片到合适位置。

· 设置图片动画效果为：跷跷板，与上一动画同时，持续时间 2s。

内容页面最终效果如图 8-8 所示。

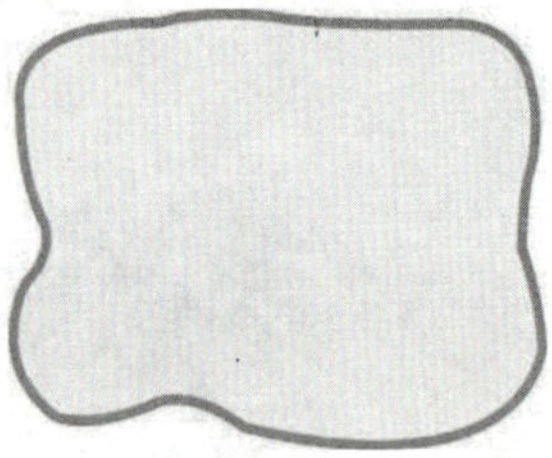

图 8-6

图 8-7

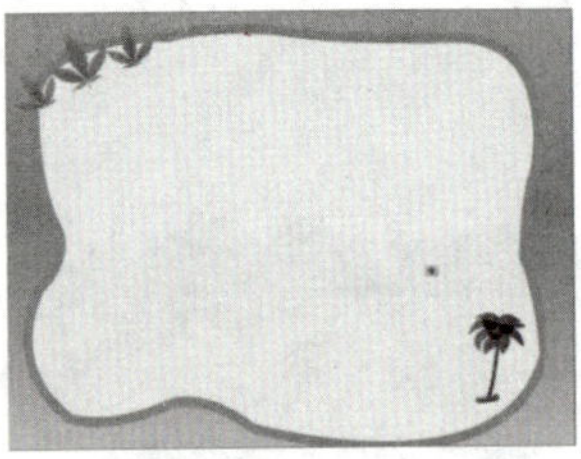

图 8-8

(4) 关闭母版视图。

2. 制作封面和封底

封面是一个课件的“脸面”，通过封面，学习者可以了解课件基本信息，比如学习内容，对应的领域和年龄层次，更多时候，它还起到了吸引他人兴趣的作用。封底是一个课件结尾，好的结尾会给人留下深刻的印象。

(1)【开始】—【新建】—选择“标题幻灯片”版式。

(2) 插入艺术字，选择第一行第一列样式，录入文字“大”，格式设置为：华文琥珀、96 磅、填充红色、无轮廓线，将艺术字拖至幻灯片上方。

(3) 设置文本动画效果为：“直线向下”，移动至图 8-5 黄色区域、与上一动画同时、持续时间 2s；同时添加“旋转”动画、与上一动画同时、持续时间 2s。

(4) 将艺术字“大”复制 5 个，依次往右侧排列，文字分别修改为“树”“的”“花”“花”“衣”。

(5) 选定所有艺术字，对齐方式设置为：上下居中，横向分布。

(6) 左上角绘制文本框，录入文字“中班艺术领域美术活动”，格式设置为：宋体，24 磅，加粗。

(7) 插入背景图片 8-9，【格式】—【删除背景】，利用“标记要删除的区域”功能只保留中间黄色树叶(如图 8-10 所示)。

图 8-9

(8)设置树叶动画效果为：陀螺旋、上一动画同时、持续时间 2s。

(9)按 Ctrl+D 复制图片 8-10 四次，调整 5 张树叶图片倾斜角度和位置，形成环状效果。

封面幻灯片最终效果如图 8-11 所示。

(10)制作封底页面，【新建】—选择“标题幻灯片”版式。

(11)插入艺术字“谢谢”，格式设置为：宋体，80 磅，填充红色，加粗。

封面封底最终效果如图 8-12 所示。

图 8-10

图 8-11

图 8-12

3. 制作“看一看”部分内容

这一部分的内容主要是让幼儿了解很多动物都有自己的漂亮的“衣服”。

(1)“看一看”页面之后，【开始】—【新建】—选择“空白版式”。

(2)幻灯片 2 制作：

· 插入图片 8-13，利用图片格式选项卡【颜色】—【设置透明色】指令删除图片四周白底背景，并调整图片大小和位置。

· 插入艺术字，选择第一行第一列样式，录入主题文字“看一看”，格式设置为：幼圆，66 磅，加粗，填充绿色，无轮廓线。

· 左上角复制图 8-10 树叶三张，调整大小和位置，按弧线排列给右侧图片添加“缩放”进入动画，与上一动画同时。

· 同时选定三张树叶图片，添加“脉冲”动画，与上一动画同时、持续时间 0.5s。

· 将三张树叶图片复制一份，拖动至右上角。

最终效果如图 8-14 所示。

图 8-13

图 8-14

(3)幻灯片 3 制作：

· 插入图片 8-15、图片 8-16，裁剪为形状：圆角矩形，调整图片大小和位置。

· 绘制文本框，添加“？”，格式设置为：宋体，115 磅，加粗，红色。

· “？”动画设置为：淡出、上一动画同时、持续时间 0.5s。

· 图片 8-16 动画设置为：淡出、上一动画之后、持续时间 0.5s。

幻灯片 3 最终效果如图 8-17 所示。

图 8-15

图 8-16

图 8-17

(4) 幻灯片 4、5 制作：

制作步骤同幻灯片 3。

4. 制作“想一想”部分内容

幼儿通过观看视频，思考怎么给树设计衣服。

(1)制作幻灯片6。

复制幻灯片2，将艺术字文字改为“想一想”。

(2)制作幻灯片7。

①【开始】—【新建】 选择“空白版式”。

②插入图片8-18，利用图片格式选项卡【颜色】—【设置透明色】指令删除图片四周白底背景，并调整图片大小和位置。

③在树干顶端添加自选图形“空心弧”，格式设置为：高1.5厘米，宽1.6厘米，填充红色，无轮廓线。

④绘制自选图形“云形标注”，拖动菱形句柄调整形状，格式设置为：填充浅蓝色、轮廓线深蓝色。

⑤右键单击“云形标注”，选择编辑文字，文字内容为“我没衣服穿”，格式设置为：宋体，16磅，加粗，黄色。

⑥“云形标注”动画设置为：淡出，与上一动画同时，持续时间0.5s。

⑦复制幻灯片3中“?”，调整大小位置，动画开始时间改为上一动画之后。

⑧左下绘制文本框，录入文字“提问：怎样为它设计衣服呢?”，格式设置为：宋体，18磅。

幻灯片7最终效果如图8-19所示。

图8-18

图8-19

(3)制作幻灯片8。

①【开始】—【新建】—选择“空白版式”。

②【插入】—【视频】—【文件中的视频】—选择《四季童谣》视频插入。

③设置视频样式：复杂框架—黑色，调整视频大小和位置。

④给视频添加“播放”动画。

⑤绘制一个矩形，格式设置为：高度1厘米，宽度2.6厘米，形状样式设置为：强烈效果-橄榄色(强调文字颜色3)。

⑥在矩形中添加“开始”文字，格式为：宋体，18磅，加粗，白色。

⑦打开【动画窗格】，点击“播放”动画标签下拉列表中“计时”选项，选择【触发器】—再选择单击“矩形：开始”触发视频播放动画。

⑧重复以上④、⑤、⑥、⑦、⑧步骤，分别完成暂停和结束动画的设置。

幻灯片 8 最终效果如图 8-20 所示。

图 8-20

5. 制作“学一学”部分内容

“玩一玩”部分引导幼儿绘制不同图案，提升幼儿动手画画能力。

(1)制作幻灯片 11。

①【开始】—【新建】—选择“空白版式”。

②插入图片 8-21，利用图片格式选项卡【颜色】—【设置透明色】指令删除图片四周白底背景，并调整图片大小和位置。

③插入图片 8-16，裁剪为形状：圆角矩形，调整图片大小和位置。

④绘制矩形，格式设置为：高度 8.8 厘米，宽度 14 厘米，填充白色，轮廓线蓝色。

⑤利用“曲线”工具绘制斑马曲线，格式为：黑色，30 磅。

⑥设置斑马曲线动画效果：擦除、自左侧、与上一动画同时、持续时间 0.5s。

⑦复制斑马曲线两次，动画开始设置为上一动画之后，调整新曲线位置。

幻灯片 11 最终效果如图 8-22 所示。

图 8-21

图 8-22

(2) 此部分其他幻灯片同理制作。

6. 设置切换效果

切换效果可以让课件看起来更加具有艺术性，但是在一个课件中，切换效果不宜过多。

切换效果设置步骤：

(1)按住 Ctrl 键，同时选中首页和尾页，设置为“涟漪”切换效果。

(2)选中“看一看”所有幻灯片，设置为“百叶窗”切换效果。

(3)选中“想一想”所有幻灯片，设置为“形状”切换效果。

(4)选中“学一学”所有幻灯片，设置为“形状”切换效果。

(5)保存文档，《有趣的服饰》课件制作完成。

温馨提示：

课件制作过程中需要用到大量的图片，很多图片是之前处理好且使用过的，后面如果再次使用，直接粘贴复制即可，不需要再次插入和处理。

点评：

科学性：课件具有较高的科学性，内容科学、规范、无错误，课件属于幼儿园中班艺术领域课件，从课件中涉及的内容来看，符合《3—6 岁儿童学习与发展指南》。

教学性：课件教学内容涉及完整，主题符合幼儿园保教活动的主题要求，作者从导入(看一看)、学习(学一学)、巩固(做一做)三个层次递进完成课件制作，并且都是从幼儿的角度出发，比如第一环节导入是让幼儿“看一看”他们喜欢的图片和视频，感知动植物美丽的衣服，再用“学一学”环节让幼儿感受动植物的美，进而认知大自然的美，激发保护大自然的意识，通过“做一做”环节，让幼儿在动手中创造美，进一步的巩固所学的知识，整个过程循序渐进，充满童趣，让幼儿在愉快的情境中完成学习。

技术性：课件中使用了触发器、切换效果、各种动画效果，对给定的素材进行了必要的处理，并且效果很好；课件互动性比较强，操作简单、快捷、结构合理、演示流畅，能较好地服务于保教活动。

艺术性：课件风格统一，色彩协调，画面设计清晰、新颖、富有童趣，符合幼儿的审美特点。

8.3 案例：幼儿园中班艺术领域《蚂蚁搬家》

中班的幼儿对美好的事物有了初步的认知，借助多媒体，将大自然和社会文化生活中的内容，通过有趣的动画直观展示给幼儿，萌发幼儿对美的感受和体验，丰富其想象力和创造力，引导幼儿学会用心灵去感受和发现美，用自己的方式去表现和创造美。

8.3.1 设计目标

通过此课件的学习，幼儿可以达到如下目标：

1. 能够认真观察图片和视频，能够讲述《蚂蚁搬家》的故事。
2. 能够跟随伴奏唱歌。
3. 感受朋友之间相互帮助的美好情感。

8.3.2 案例展示

8.3.3 制作课件

1. 制作母版

幻灯片的母版确定课件的主题风格和主体色彩，母版设计的好坏和课件能否成功有很大的关系。

(1)封面封底母版。

【视图】—【幻灯片母版】，选择“标题幻灯片版式”

· 插入图片 8-23，裁剪掉下面部分，保留天空右上角部分，调整大小铺满标题幻灯片。

· 插入图片 8-24，调整大小和位置。

· 再次插入图片 8-23，裁剪掉下面部分，保留天空部分，格式设置为：高度 1.89

厘米、宽度 25. 4 厘米，底端对齐。

封面封底母版最终效果如图 8-25 所示。

图 8-23

图 8-24

图 8-25

(2) 内容页面。

【视图】—【幻灯片母版】，选择“空白版式”。

· 复制封面封底母版幻灯片中矩形图片，格式设置为：高 2. 3 厘米，长 25. 4 厘米，顶端对齐。

· Ctrl+D 复制矩形图片，格式设置为：高 1. 8 厘米，长 25. 4 厘米，底端对齐。

(3) 关闭母版视图。

2. 制作封面和封底

封面是一个课件的“脸面”，通过封面，学习者可以了解课件基本信息，比如学习内容，对应的领域和年龄层次，更多时候，它还起到了吸引他人兴趣的作用。封底是一个课件结尾，好的结尾会给人留下深刻的印象。

(1) 制作封面。

·【开始】—【新建】—选择“标题幻灯片”版式。

· 插入图片 8-2，【格式】—【删除背景】，保留太阳，调整图片位置，和背景太阳重合。

· 太阳动画设置为：脉冲，与上一动画同时，持续时间 0. 5s、重复直到幻灯片末尾。

· 插入艺术字，选择第六行第三列样式，录入主题文字“蚂”，格式设置为：幼圆，88 磅，填充深蓝。

· 艺术字动画设置为：缩放，与上一动画同时，持续时间 0. 5s。

· 复制艺术字“蚂”三个，依次往右排列，颜色分别填充为：橄榄色(强调文字颜色 3、深色 25%)、橙色(强调文字颜色 6、深色 25%)、红色(强调文字颜色 2、粗糙棱台)。

· 动画开始时间设置为：上一动画之后。

· 插入图片 8-26，【格式】—【删除背景】，保留蓝色音符，调整图片大小和位置。

· 音符图片动画设置为：跷跷板，与上一动画同时，持续时间 1s，延迟 0. 75s。

· 复制音符图片两次，调整大小和位置。

· 左上角绘制文本框，录入文字“中班艺术领域音乐活动”，格式设置为：幼圆，

20 磅，加粗，橙色(强调文字颜色 6、深色 50%)。

封面封底最终效果如图 8-27 所示。

图 8-26

图 8-27

(2)制作封底。

·复制刚刚完成的页面，将文字修改为“小朋友再见”。

·插入图片 8-28，利用图片格式选项卡【颜色】—【设置透明色】指令删除图片四周白底背景，水平翻转，拖动到幻灯片左侧外面。

·动画设置为：直线向右，与上一动画同时，持续时间 10s。

封底最终效果如图 8-29 所示。

图 8-28

图 8-29

3. 设计导航页

导航页是课件重要构成部分，通过导航页，可以了解本堂课程分为哪几部分；还可以通过导航页链接，快速定位到目标内容，可以使课件的使用更加灵活，具有更好的可控性。

(1)在封面页之后，【开始】—【新建】—选择“空白版式”。

(2)【插入】—【形状】—选择圆角矩形并在页面中绘制。

(3)圆角矩形的格式设置为：高度 2.4 厘米、宽度 7.4 厘米，填充色为形状样式：中等效果—橙色(强调文字颜色 6)、无轮廓线。

(4)在圆角矩形上单击鼠标右键，选择【编辑文字】，录入文字“看一看”。

(5)文本设置为：幼圆，44 磅，加粗，文字阴影，填充橄榄色(强调文字颜色 3、深色 50%)。

(6)插入图片 8-30，利用图片格式选项卡【颜色】—【设置透明色】指令删除图片四周白底背景，调整合适的大小和角度，放置在圆角矩形前面。

图 8-30

(7)组合图片和圆角矩形，效果如图 8-31 所示。

(8)按照上述步骤分别完成“认一认”“玩一玩”“结束”，效果依次如图 8-32、图 8-33、图 8-34 所示。

图 8-31

图 8-32

图 8-33

图 8-34

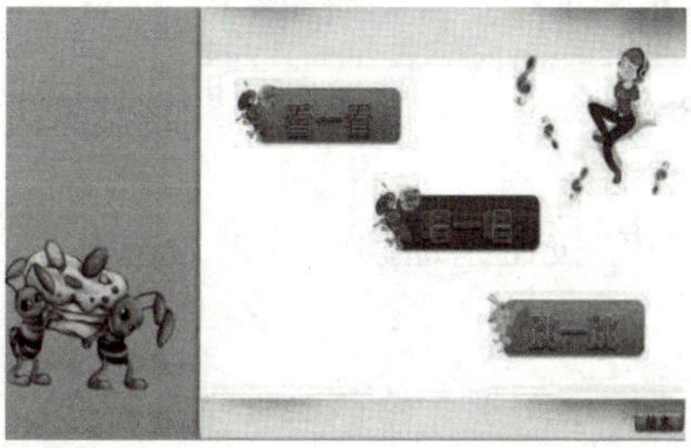

图 8-35

(9)按照图 8-35 所示效果摆放即可。

(10)“看一看”、“认一认”、“玩一玩”添加动画“飞入”、自底部、持续时间 0. 5s，“看一看”设置为与上一动画同时，“认一认”“玩一玩”设置为上一动画之后。

(11)复制封面幻灯片 8-30 图片，动画开始设置为上一动画之后，调整路径终点位置。

(12)插入背景图片 8-36，【格式】—【删除背景】，利用“标记要删除的区域”功能只保留中间人物。

(13)设置动画效果为：缩放，与上一动画同时，持续时间 0.5s，延迟 0.25s。

(14)复制封面音符 2 个，再将图片 8-26 中黄色音符通过“删除背景”截取 2 个，调整大小和位置。

(15) 设置音符动画效果为：缩放，与上一动画同时，持续时间 0.5s，延迟 0.25s。

(16) “结束”按钮插入“动作”效果：单击鼠标时超链接到“最后一张幻灯片”。

4. 制作“看一看”部分内容

幼儿通过观看“蚂蚁搬家”视频，培养幼儿在面临困难时，相互帮助的意识。

(1)导航页面之后，【开始】—【新建】—选择“空白版式”。

(2)【插入】—【视频】—【文件中的视频】—选择“蚂蚁搬家”视频插入。

(3)设置视频样式：复杂框架—黑色，调整视频大小和位置。

(4)给视频添加“播放”动画。

(5)绘制一个圆角矩形，大小设置为：高度 1.2 厘米，宽度 3.4 厘米；形状样式设置为：强烈效果—橙色(强调文字颜色 6)。

(6)在圆角矩形中添加“开始”文字，格式为：华文中宋，24 磅，加粗，文字阴影，白色。

(7)打开【动画窗格】，点击“播放”动画标签下拉列表中“计时”选项，选择【触发器】—再选择单击“圆角矩形：开始”触发视频播放动画。

(8)重复以上(6)、(7)、(8)三个步骤，分别完成暂停和结束动画的设置。

(9)页面左上角添加图 8-23 所示“看一看”图形。

(10)设置动画效果为：飞入，与上一动画同时，持续时间 0.5s，动画标签放置最前面。

(11)“开始”“暂停”“结束”按钮添加动画效果为：飞入，与上一动画同时，持续时间 0.5s。

(12)右下角添加图 8-34 所示图形，修改文字为“返回”，超链接到第二张幻灯片。

最终效果如图 8-37 所示。

图 8-36

图 8-37

5. 制作“唱一唱”部分内容

这一部分的内容主要是让幼儿结合幻灯片场景，听对应场景截取的歌曲片段，通过看、听，学会自己唱。

(1)“唱一唱”页面之后，【开始】—【新建】—选择“空白版式”。

(2)在页面左上角添加图 8-32 所示的“唱一唱”图形。

(3)设置动画效果：飞入，自底部，与上一动画同时，持续时间 0.5s。

(4)插入图片 8-38，【格式】—【删除背景】，只保留左上蚂蚁窝右侧部分(如图 8-39 所示)，裁剪四周空白区域。

(5)复制图片 8-39，水平翻转，组合成完整的蚂蚁窝，调整大小和位置。

(6)蚂蚁窝动画设置为：淡出，与上一动画同时，持续时间 0.5s。

图 8-38

图 8-39

图 8-40

图 8-41

(7) 插入图片 8-40，【格式】—【删除背景】，只保留左侧小黄人(如图 8-41 所示)，裁剪四周空白区域，调整大小和位置。

(8)设置动画效果：淡出，与上一动画同时，持续时间 0.5s；跷跷板，与上一动画同时，持续时间 1s，重复直到幻灯片末尾。

(9)插入图片 8-42，利用图片格式选项卡【颜色】—【设置透明色】指令删除图片四周白底背景，调整到幻灯片右侧外面。

(10)设置动画效果：自定义路径，与上一动画同时，持续时间 2s。

(11)插入艺术字，选择第四行第二列样式，录入歌词“一只 蚂蚁 在洞口 ，找到 一粒豆”。格式设置为：微软雅黑，28 磅。

(12)设置动画效果：随机线条，与上一动画同时，持续时间 0.5s。

(13)绘制五条直线，长 15.2 厘米，组合。

(14)设置动画效果：淡出、与上一动画同时、持续时间 0.5s。

(15)再次插入图片 8-40，【格式】—【删除背景】，只保留右侧小粉人(如图 8-43 所示)。

图 8-42

图 8-43

(16)复制图片 8-41、图 8-43 多个，调整大小和位置，如图 8-44 所示。

(17)设置动画效果：淡出，与上一动画同时，持续时间 0.5s；跷跷板，与上一动画同时，持续时间 1s，重复直到幻灯片末尾。

(18)【插入】—【音频】—【文件中的视频】—选择“蚂蚁搬家”第一段音频剪辑插入。

(19)右下角添加图 8-34 所示图形，修改文字为“下一页”，超链接到下一张幻灯片。(最终效果如图 8-45 所示)。

图 8-44

图 8-45

(20)此部分其他幻灯片制作同上一张幻灯片编辑流程。

6. 制作“跳一跳”部分内容

“跳一跳”部分插入音乐，并通过触发器控制图片晃动，让幼儿跟随节奏一起跳动。

(1)在“猜一猜”页面之后，【开始】—【新建】—选择“空白版式”。

(2)在页面左上角添加图 8-11 所示的“跳一跳”图形。

(3)设置动画效果：飞入，与上一动画同时，持续时间 0.5s。

(4)绘制圆角矩形，大小设置为：高度 1.2 厘米，宽度 2.1 厘米；形状样式设置为：强烈效果—橙色(强调文字颜色 6)。

(5)设置动画效果：淡出，与上一动画同时，持续时间 0.5s，延迟 0.5s。

(6)绘制竖排文本框，录入文字“跟着音乐动起来”，格式为：幼圆，18 磅。

(7)【插入】—【音频】—【文件中的视频】—选择“蚂蚁搬家”音频插入。

(8)点击音频动画标签下拉列表中“计时”选项，选择【触发器】—再选择单击“圆角矩形：播放”触发音频播放。

(9)将图片裁剪为上下两部分，如图 8-46、8-47 所示。

(10)设置图片 8-46、图 8-47 动画效果：出现，与上一动画同时；再设置图片 8-46 闪烁，与上一动画同时，持续时间 1s，延迟 0.5s。

(11)复制图 8-46，水平翻转。

(12)复制图片 8-46、图 8-47，重叠，删除动画。

(13)设置复制后的图片动画效果：消失，与上一动画同时。

(14)右侧小女孩制作流程与小男孩相同。

“跳一跳”最终效果如图 8-48 所示。

图 8-46

图 8-47

图 8-48

温馨提示：

课件制作过程中需要用到大量的图片，很多图片是之前处理好且使用过的，后面如果再次使用，直接粘贴复制即可，不需要再次插入和处理。

点评：

科学性：课件具有较高的科学性，内容科学、规范、无错误，课件属于幼儿园中班艺术领域课件，从课件中涉及的内容来看，符合《3—6 岁儿童学习与发展指南》。

教学性：课件教学内容涉及完整，主题符合幼儿园保教活动的主题要求，作者从导入(看一看)、学习(唱一唱)、巩固(跳一跳)三个层次递进完成课件制作，并且都是从幼儿的角度出发，比如第一环节导入是让幼儿“看一看”喜欢的动画片视频，了解了蚂蚁搬家的故事，再用“唱一唱”环节让幼儿学会歌唱，体会朋友之间相互帮助的美好情感，“跳一跳”环节让幼儿随着歌声舞动起来，激发幼儿学习兴趣，整个过程循序渐进，充满童趣，让幼儿在愉快的情境中完成学习。

技术性：课件中使用了触发器、各种动画效果，对给定的素材进行了必要的处理，并且效果很好；课件互动性比较强，操作简单、快捷、结构合理、演示流畅，能较好地服务于保教活动。

艺术性：课件风格统一，色彩协调，画面设计清晰、新颖、富有童趣，符合幼儿的审美特点。

第九章　2019 年国赛题库案例(部分)

为深化职业教育教学改革，推动产教融合、校企合作，促进人才培养和产业发展的结合，扩大职业教育的国际交流，增强职业教育的影响力和吸引力，由教育部发起，联合国务院相关部门、行业组织和地方，共同举办了“全国职业院校技能大赛”。

大赛设有学前教育专业教育技能赛项。该赛项以《幼儿园教师专业标准(试行)》《3-6 岁儿童学习与发展指南》等文件精神为指导，综合设置三个项目。项目一“幼儿园教师综合技能测评(基本功)”中即包含幼儿园保教活动课件制作子项目。这是一项全国性职业院校学生技能竞赛活动，作为我国职业教育工作的一项重大制度设计与创新，大赛已经成为广大师生展示风采、追梦圆梦的广阔舞台，成为促进我国职业教育改革发展的重要抓手，对职业院校办出特色、办出水平的引领作用日益凸显，对促进学前教育专业人才培养质量的整体提升作用重大。

因此，本章试从 2019 年国赛题库中 3 个实际案例出发，阐明幼儿园课件的制作流程与方法。

9.1 《小树叶的旅行》

9.1.1 设计目标

通过此课件的学习，幼儿可以达到如下目标：

1. 能够认真倾听故事，知道故事情节和图片的联系。
2. 能够根据图片展示的情境，复述故事内容。
3. 能感受到帮助别人是很快乐的情感。

9.1.2 案例展示

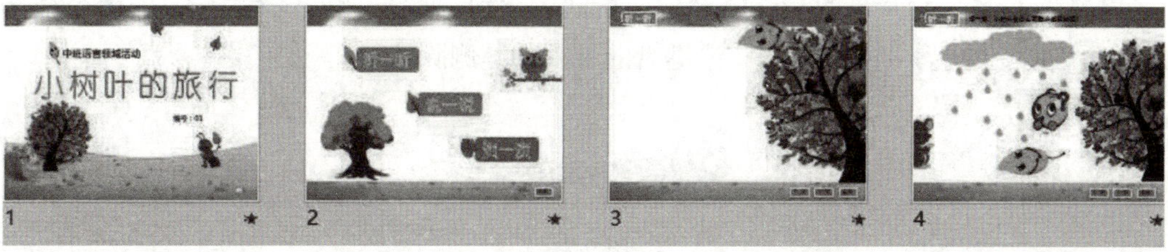

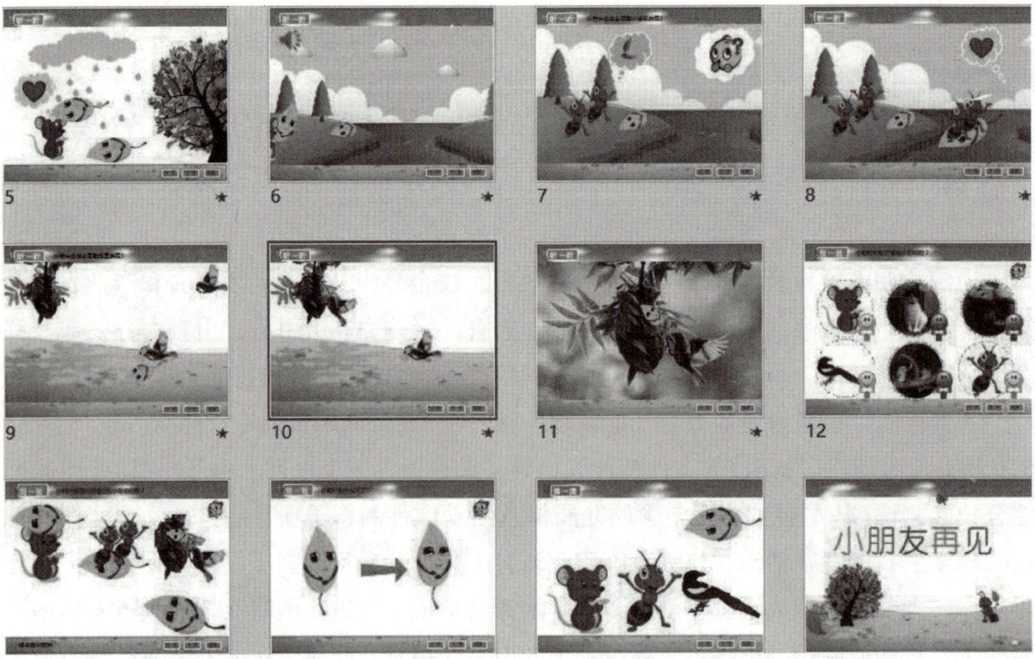

9.1.3 制作课件

1. 制作母版

(1)封面封底母版。

①【视图】—【幻灯片母版】，选择“标题幻灯片版式”，插入图片(如图 9-1 所示)，调整图片大小为高 1.92 厘米，宽 25.4 厘米，放置幻灯片顶部。

②插入图片(如图 9-2 所示)，调整图片大小为高 2.8 厘米，宽 25.98 厘米，放置幻灯片底部。

③设置背景格式为“白色”。

④绘制不规则形状：【插入】—【形状】，选择“矩形工具”，拖动一个矩形，高 5.61 厘米，宽 21.96 厘米，然后选中该矩形，【格式】—【编辑形状】—【编辑顶点】，在矩形四周边线上设置控制点，更改矩形的形状(如图 9-3)；然后放到图 9-3 上方靠左侧，图形置于底层。

(2)内容页面。

【视图】—【幻灯片母版】，选择“空白版式”，然后把“标题幻灯片版式”的内容全部复制到该幻灯片上，选中图 9-3，按键盘的 Delete 键删除掉。

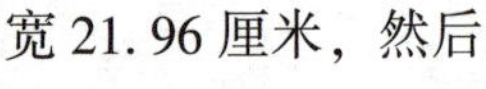

图 9-1

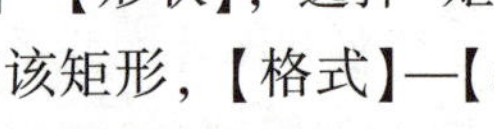

图 9-2

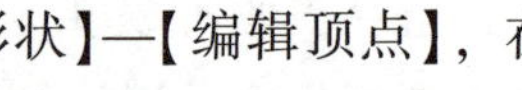

图 9-3

(3)关闭母版。

2. 制作封面和封底

(1)【开始】—【新建】—选择“标题幻灯片”。

(2)插入文本框，录入主题文字“小树叶”，字体设置为：华文琥珀；字号为：96磅；文本填充设置为：红色；添加文字阴影效果。

(3)设置文本动画效果为：淡出，与上一动画同时。

(4)插入文本框，录入文字“幼儿园中班语言领域”，字体设置为：微软雅黑；字号设置为：18磅；鼠标拖动放置页面左上角。

(5)插入图片(如图9-4、9-5、9-6、9-7所示)，放到页面合适的位置上。

(6)制作封底页面，复制刚刚完成的页面，将文字修改为“小朋友再见”。

图9-4

图9-5

图9-6

图9-7

3. 设计导航页

(1)在封面页之后，【开始】—【新建】—选择“空白版式”。

(2)【插入】—【形状】—选择圆角矩形并在页面中绘制。

(3)设置圆角矩形的高度和宽度分别是：2.7厘米和6.29厘米；在【格式】中设置形状样式为：中等效果—红色，强调颜色2。

(4)在圆角矩形上单击鼠标右键，选择【编辑文字】，录入文字“听一听”。

(5)字体设置为：微软雅黑；字号设置为：44磅；文本填充设置为：白色；文本阴影效果。

(6)插入图片(如图9-8所示)，调整至合适大小，放置圆角矩形前面。

(7)组合图片和圆角矩形。

(8)按照上述步骤完成“说一说”“演一演”几个步骤。

(9)按照图9-9所示效果摆放。

图 9-8

图 9-9

4. 制作“听一听”部分内容

此部分内容是让幼儿通过语言听故事并观看动画与图片，了解故事内容。

第 3 张幻灯片制作：

(1)【开始】—【新建】—选择之前设计好的“空白幻灯片”。

(2)插入图 9-10、图 9-11，将图 9-10 放到页面右侧合适的位置上。

(3)【插入】—【音频】—【文件中的音频】—选择音频插入—按需要剪辑音频将音频设置为自动播放”。

(4) 页面左上角添加“听一听”图形。

(5)选中图 9-11，设置动画效果为：旋转动画和自定义路线，与上一动画同时，持续时间 10s。

图 9-10

图 9-11

第 4 张幻灯片制作：

(1)复制第 3 张幻灯片，删除所有动画，重新按需要剪辑音频。

(2)插入图 9-12 和图 9-13，放在页面合适的位置上。

(3)选中图 9-12，设置动画效果为：直线动画—向右效果，与上一动画同时，持续时间 6s。

（4）选中图 9-13，设置动画效果为：淡出，在上一动画之后。

（5）绘制下雨场景，如图 9-14 所示。

图 9-12

图 9-13

图 9-14

（6）在“听一听”图形旁边添加文本框，输入文字“小树叶会怎么帮助小老鼠呢？”

第 5 张幻灯片制作：

（1）复制第 4 张幻灯片，删除所有动画，重新按需要剪辑音频。

（2）插入图 9-15 和图 9-11，复制图 9-11，放到页面合适的位置上。

（3）选中图 9-12，设置动画效果为：直线动画—向右效果，与上一动画同时，持续时间 6s。

（4）选中图 9-11，设置动画效果为：出现，在上一动画之后。

（5）选中复制的图 9-11，设置动画效果为：消失，与上一动画同时。

（6）图 9-13 和图 9-14 分别根据音频在合适的时间设置出现效果即可。

图 9-15

第 6 张幻灯片制作：

（1）【开始】—【新建】—选择“空白幻灯片”，插入图 9-16 作为背景。

（2）插入图 9-11 和图 9-12，放到页面合适的位置上。

（3）选中图 9-11 和图 9-12，同时设置进入动画效果为：左侧飞入，与上一动画同时，选择中速 2s。

（4）复制图 9-11，将原图动画设置为退出效果的消失，将复制图放置河边位置，设置为出现，和上一动画同时。

（5）页面左上角添加“听一听”图形。

(6)【插入】—【音频】—【文件中的音频】—选择音频插入—按需要剪辑音频，将音频设置为自动播放。

图 9-16

第 7 张幻灯片制作：

(1)复制第 6 张幻灯片，重新按需要剪辑音频。

(2)将图 9-12 所示的小老鼠图片更换为图 9-7 所示的小蚂蚁图片(直接更换图片后，动画效果不需要再重新设置)，并复制一张。

(3)页面左上角添加“听一听”图形。添加文本框输入文字“小树叶会怎么帮助小蚂蚁呢?”

第 8 张幻灯片制作：

(1)复制第 7 张幻灯片，重新按需要剪辑音频。

(2)将插入的如图 9-7 的小蚂蚁图片放置在如图 9-11 的树叶上，并放置在背景图中的小河中，同时设置自定义路径动画，让小蚂蚁过河。

(3)小蚂蚁过河后，结合音频内容，出现图 9-15 所示的爱心图片。

第 9 张幻灯片制作：

(1)【开始】—【新建】—选择之前设计好的母版“空白幻灯片”。

(2)使用自选图形和图片，制作出如图 9-20 所示的图片效果，插入幻灯片中。

(3)插入图 9-17 所示图片，剪裁出如图 9-18 和图 9-19 所示的图片；再插入图 9-11 所示的小树叶图片。

图 9-17

图 9-18

图 9-19

图 9-20

(4)【插入】—【音频】—【文件中的音频】—选择音频插入—按需要剪辑音频，将音频设置为自动播放。

(5)根据音频内容将图片放置合适位置，使用自定义路径和出现、消失出现动画，设置花喜鹊飞过去叼起小树叶的动画效果。

(6)页面左上角添加“听一听”图形，添加文本框输入文字“小树叶会怎么帮助花喜鹊呢?”

第10张幻灯片制作：

(1)复制第9张幻灯片，重新按需要剪辑音频。

(2)将花喜鹊和叼起的小树叶自定义路径动画设置为飞行到如图9-19所示的鸟巢位置。

第11张幻灯片制作：

(1)插入图9-17所示图片，铺满屏幕。

(2)将小树叶的图片处理为“笑了”的表情，如图9-21所示。

图9-21

(3)音频内容按需要剪辑到合适位置。

5. 制作“说一说”部分内容

此部分内容是让幼儿通过说一说，尝试说出故事情节。

第12张幻灯片制作：

(1)【开始】—【新建】—选择之前设计好的幻灯片母版“空白幻灯片”。

(2)页面左上角添加“说一说”图形，旁边添加文本框并录入文字“小树叶帮助了哪些小动物呢?”

(3)分别插入小树叶帮助过的小老鼠(图9-12)、小蚂蚁(图9-7)、花喜鹊(图9-18)的图片，再插入3张和故事内容无关的动物图片，所有图片设置为相同风格，分两横排均匀排列，放在合适的位置上。

(4)给小老鼠、小蚂蚁、花喜鹊旁边插入笑脸图片，设置为淡出动画效果，并添加right音效，使用触发器控制笑脸的出现和right音效的播放(点击图片本身的时候，它旁边的笑脸和right音效播放)。

(5)给另外3张不正确的动物图片旁边插入哭脸图片，设置为淡出动画效果，并添加error音效，同样设置触发器触发效果。

第 13 张幻灯片制作：

(1)【开始】—【新建】—选择之前设计好的幻灯片母版“空白幻灯片”。

(2)页面左上角添加“说一说”图形，旁边添加文本框并录入文字“小树叶是怎样帮助这些小动物的呢?”

(3)分别插入小老鼠(图 9-12)、小蚂蚁(图 9-7)、花喜鹊和鸟窝(图 9-18 和图 9-19)的图片，横排均匀排列，放在合适的位置上，再插入小树叶(图 9-11)图片，复制多张，分别放在小老鼠的头上，小蚂蚁的脚下，花喜鹊的鸟窝上。

(4)设置触发器效果，点击小老鼠的时候出现头上的小树叶，点击小蚂蚁的时候出现脚下的小树叶，点击花喜鹊的时候出现鸟窝上的小树叶。

第 14 张幻灯片制作：

(1)【开始】—【新建】—选择之前设计好的幻灯片母版“空白幻灯片”。

(2)页面左上角添加“说一说”图形，旁边添加文本框并录入文字“小树叶为什么笑了?”

(3)插入小树叶图片(图 9-11)和“笑了”的小树叶图片(图 9-21)，选中相应图片，两张图片中间放置一个箭头图形，三张图横排放置。

(4)三张图设置进入动画的淡出效果。

6. 制作“演一演”部分内容

此部分内容是让幼儿通过语言听故事并观看动画与图片，了解故事内容。

第 15 张幻灯片制作：

(1)【开始】—【新建】—选择之前设计好的幻灯片母版“空白幻灯片”。

(2)【插入】—【音频】—【文件中的音频】—选择《小树叶》音频插入，设置为自动播放。

(3)插入故事中的主角：小老鼠、小蚂蚁、花喜鹊，横排均匀排列，放到页面合适的位置上。

(4)再插入小树叶，设置自定义动画路径，并重复播放。

(5)页面左上角添加“玩一玩”图形。

9.2 《小蝌蚪变形记》

9.2.1 设计目标

通过此课件的学习，幼儿可以达到如下目标：

1. 探究小蝌蚪变成青蛙的整个过程。

2. 通过观察小蝌蚪的变化，培养幼儿的观察能力。

3. 培养幼儿不断探求新知识的精神。

9.2.2 案例展示

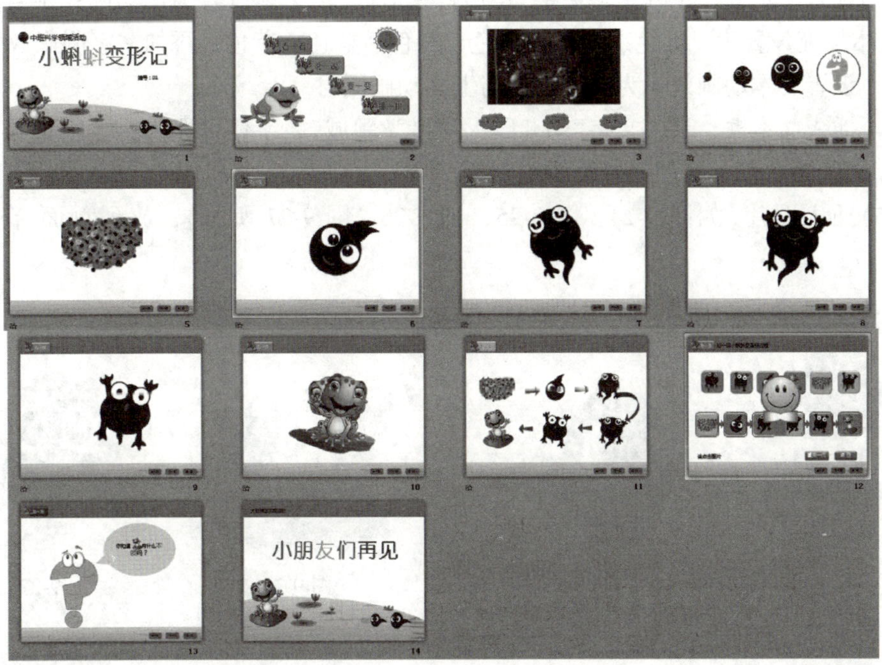

9.2.3 制作课件

1. 制作母版

(1)封面封底母版。

①【视图】—【幻灯片母版】，选择“标题幻灯片版式”，插入图片(如图 9-22 所示)，调整图片大小为高 1 厘米，宽 3.02 厘米，放置幻灯片顶部。

②插入不规则图片(如图 9-23 所示)，调整图片大小为高 1.35 厘米，宽 3.79 厘米，放置幻灯片底部。

图 9-22

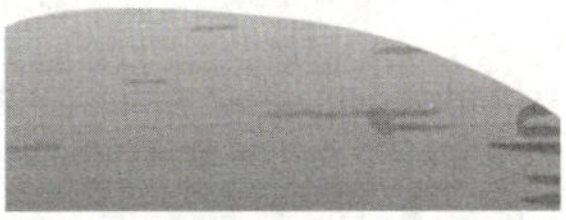

图 9-23

③设置背景格式为“白色”。

(2)内容页面。

【视图】—【幻灯片母版】，选择“空白版式”，然后把“标题幻灯片版式”的内容全部复制到该幻灯片上，选中图形 9-24，按键盘的 Delete 键删除掉。

(3)关闭母版。

2. 制作封面和封底

(1)【开始】—【新建】—选择之前设计好的母版“标题幻灯片”。

(2)插入文本框，录入主题文字“小蝌蚪变形记”，字体设置为：幼圆；字号为：80磅；文本填充设置为：红色、橙色、黄色、绿色、蓝色、紫色；添加文字阴影效果。

(3)设置文本动画效果为：淡出，与上一动画同时。

(4)插入文本框，录入文字“幼儿园大班科学领域”，字体设置为：微软雅黑；字号设置为：28 磅；鼠标拖动放置页面左上角。

(5)插入图片(如图 9-24、图 9-25、图 9-26、图 9-27 所示)，放到页面合适的位置上。

图 9-24

图 9-25

图 9-26

图 9-27

(6)制作封底页面，复制刚刚完成的页面，将文字修改为“小朋友再见”。

3. 设计导航页

(1)在封面页之后，【开始】—【新建】—选择之前设计好的母版“空白版式”。

(2)【插入】—【形状】—选择圆角矩形并在页面中绘制。

(3)设置圆角矩形的高度和宽度分别是：2. 7 厘米和 6. 29 厘米；在【格式】中设置形状样式为：中等效果—紫色，强调颜色 2。

(4)在圆角矩形上单击鼠标右键，选择【编辑文字】，录入文字“看一看”。

(5)字体设置为：幼圆；字号设置为：32 磅；文本填充设置为：红色；艺术字效果。

(6)插入图片(如图 9-28 所示)，调整至合适大小，放置圆角矩形前面。

图 9-28

(7)组合图片和圆角矩形。

(8)按照上述步骤完成“说一说”、“变一变”、“排一排”几个步骤。

(9)每页【插入】—【形状】—选择“矩形”，拖动圆角矩形，大小设置为：高度0.8厘米，宽度1.8厘米；形状样式设置为：中等效果—橙色—强调颜色6，在圆角矩形上单击鼠标右键，选择【编辑文字】，录入文字“结束”，在圆角矩形上单击鼠标右键，选择【编辑超链接】—选择本文档中的位置(A)—选择最后一张幻灯片。

(10)按照图9-29所示效果摆放。

图9-29

4. 制作“看一看”部分内容

此部分内容是让幼儿通过观看视频，了解小蝌蚪慢慢变化成青蛙的生长过程。

(1)【开始】—【新建】—选择之前设计好的母版“内容幻灯片”。

(2)【插入】—【视频】—【文件中的视频】—选择插入，并给视频设置“播放”动画。

(3)添加一个云形，大小设置为：高度2.2厘米，宽度3.6厘米；形状样式设置为：中等效果—粉色。

(4)在圆角矩形中添加“播放”文字，并在【选择窗格】中将圆角矩形的名称修改为“播放”，准备作为“播放”动画的控制按钮。

(5)打开【动画窗格】，选择“播放”动画效果，选择【触发】—再选择单击“播放”。

(6)重复以上5个步骤，分别完成暂停和停止动画的设置。

(7)页面左上角添加“看一看”图形。

(8)每页【插入】—【形状】—选择“矩形”，拖动圆角矩形，大小设置为：高度0.8厘米，宽度1.8厘米；形状样式设置为：中等效果—橙色—强调颜色6，在圆角矩形上单击鼠标右键，选择【编辑文字】，录入文字“上一页”，在圆角矩形上单击鼠标右键，选择【编辑超链接】—选择本文档中的位置(A)—选择上一张幻灯片。

(9)每页【插入】—【形状】—选择“矩形”，拖动圆角矩形，大小设置为：高度0.8厘米，宽度1.8厘米；形状样式设置为：中等效果—橙色—强调颜色6，在圆角矩形上单击鼠标右键，选择【编辑文字】，录入文字“下一页”，在圆角矩形上单击鼠标右键，选择【编辑超链接】—选择本文档中的位置(A)—选择下一张幻灯片。

(10)每页【插入】—【形状】—选择“矩形”，拖动圆角矩形，大小设置为：高度0.8厘米，宽度1.8厘米；形状样式设置为：中等效果—橙色—强调颜色6，在圆角矩形上单击鼠标右键，选择【编辑文字】，录入文字“返回”，在圆角矩形上单击鼠标右键，选择【编辑超链接】—选择本文档中的位置(A)—选择幻灯片2。

(11)按照图9-30所示效果摆放。

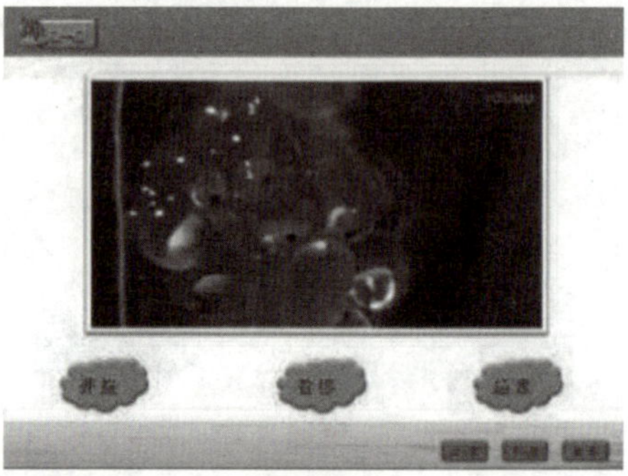

图 9-30

5. 制作“说一说”部分内容

此部分内容是让幼儿通过图片，引导幼儿思考、说一说蝌蚪是如何变成青蛙的?

(1)【开始】—【新建】—选择之前设计好的母版“内容幻灯片”。

(2)【插入】—【图片】—【文件中的图片】—选择4张图片插入，给4张图片设置“出现”动画。

(3)复制内容幻灯片，删除4张图片并插入图片(如图9-31所示)，设置该图片动画效果为：“放大/缩小”动画。

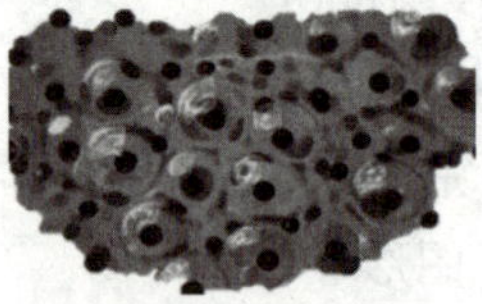

图 9-31

(4)复制内容幻灯片，插入相应图片，放到页面中间位置上；设置该图片动画效果为：强调动画—闪烁，与上一动画同时，持续时间1s；再次选择该图片，再添加强调动画—闪烁，与上一动画同时，持续时间1s，延迟00.50s。

(5)复制内容幻灯片，删除图片并插入图片(如图9-32所示)，设置该图效果为：

“脉冲”动画，与上个动画同时。

(6)复制内容幻灯片，删除图片(图 9-32)并插入图片(如图 9-33 所示)，设置该图效果为：“脉冲”动画，持续时间：00. 50s，与上个动画同时。

(7)复制内容幻灯片，删除图片(9-32)并插入图片(如图 9-33 所示)，设置该图效果为：“脉冲”动画，持续时间：00. 50s，与上个动画同时。

(8)复制内容幻灯片，删除图片(9-33)并插入图片(如图 9-34 所示)，设置该图效果为：“脉冲”和动画，持续时间：00. 50s，与上个动画同时。退出效果：“淡出”，持续时间：00. 50s，上一个动画之后。

图 9-32

图 9-33

图 9-34

(9)复制内容幻灯片，插入图片(如图 9-35 所示)，放到页面中间位置上；设置该图片动画效果为：强调动画—闪烁，与上一动画同时，持续时间 1s；再次选择该图片，再添加强调动画—闪烁，与上一动画同时，持续时间 1s，延迟 00. 50s。

图 9-35

(10)页面左上角添加“说一说”图形。

(11)每页【插入】—【形状】—选择“矩形”，拖动圆角矩形，大小设置为：高度 0. 8 厘米，宽度 1. 8 厘米；形状样式设置为：中等效果—橙色—强调颜色 6，在圆角矩形上单击鼠标右键，选择【编辑文字】，录入文字“上一页”，在圆角矩形上单击鼠标右键，选择【编辑超链接】—选择本文档中的位置(A)—选择上一张幻灯片。

(12)每页【插入】—【形状】—选择“矩形”，拖动圆角矩形，大小设置为：高度 0. 8 厘米，宽度 1. 8 厘米；形状样式设置为：中等效果—橙色—强调颜色 6，在圆角矩形上单击鼠标右键，选择【编辑文字】，录入文字“下一页”，在圆角矩形上单击鼠标右键，选择【编辑超链接】—选择本文档中的位置(A)—选择下一张幻灯片。

(13)每页【插入】—【形状】—选择“矩形”，拖动圆角矩形，大小设置为：高度0.8厘米，宽度1.8厘米；形状样式设置为：中等效果—橙色—强调颜色6，在圆角矩形上单击鼠标右键，选择【编辑文字】，录入文字“返回”，在圆角矩形上单击鼠标右键，选择【编辑超链接】—选择本文档中的位置(A)—选择幻灯片2。

6. 制作“变一变”部分内容

此部分内容是让幼儿通过图片和箭头方向，巩固蝌蚪是怎样变成青蛙的生长过程。

(1)【开始】—【新建】—选择之前设计好的母版“内容幻灯片”。

(2)【插入】—【图片】—【文件中的图片】—选择六张图片插入，给六张图片设置“淡出”动画。

(3)【插入】—【形状】—选择“箭头总汇”，拖动右箭头，高1.24厘米，宽2厘米，然后选中该右箭头，【格式】—【编辑形状】—【编辑顶点】，按住Ctrl辅助键，在右箭头四周边线上设置控制点，更改右箭头的形状(如图9-36)；然后放到图片旁，图形置于顶层，图片设置“淡出”动画，上一动画之后。

图9-36

(4)页面左上角添加“变一变”图形。

(5)每页【插入】—【形状】—选择“矩形”，拖动圆角矩形，大小设置为：高度0.8厘米，宽度1.8厘米；形状样式设置为：中等效果—橙色—强调颜色6，在圆角矩形上单击鼠标右键，选择【编辑文字】，录入文字“上一页”，在圆角矩形上单击鼠标右键，选择【编辑超链接】—选择本文档中的位置(A)—选择上一张幻灯片。

(6)每页【插入】—【形状】—选择“矩形”，拖动圆角矩形，大小设置为：高度0.8厘米，宽度1.8厘米；形状样式设置为：中等效果—橙色—强调颜色6，在圆角矩形上单击鼠标右键，选择【编辑文字】，录入文字“下一页”，在圆角矩形上单击鼠标右键，选择【编辑超链接】—选择本文档中的位置(A)—选择下一张幻灯片。

(7)每页【插入】—【形状】—选择“矩形”，拖动圆角矩形，大小设置为：高度0.8厘米，宽度1.8厘米；形状样式设置为：中等效果—橙色—强调颜色6，在圆角矩形上单击鼠标右键，选择【编辑文字】，录入文字“返回”，在圆角矩形上单击鼠标右键，选择【编辑超链接】—选择本文档中的位置(A)—选择幻灯片2。

7. 制作“排一排”部分内容

此部分内容是让幼儿排一排小蝌蚪变青蛙的过程。

(1)【开始】—【新建】—选择之前设计好的母版“内容幻灯片”。

(2)【插入】—【形状】—选择“矩形”，拖动圆角矩形，大小设置为：高度3厘米，宽度3厘米；形状样式设置为：中等效果—紫色。

(3)按照上述步骤完成六个圆角矩形。

(4)【插入】—【图片】—【文件中的图片】—选择 13 张图片插入，给 13 张图片设置“淡出”动画。

(5)【插入】—【形状】—选择“矩形”，拖动圆角矩形，大小设置为：高度 3.3 厘米，宽度 3.3 厘米；形状样式设置为：彩色轮廓—红色，强调颜色 2。

(6)按照上述步骤复制六个圆角矩形。

(7)【插入】—【形状】—选择“矩形”，拖动圆角矩形，大小设置为：高度 1.2 厘米，宽度 3.2 厘米；形状样式设置为：强烈效果—水绿色，强调颜色 5；在圆角矩形上单击鼠标右键，选择【编辑文字】，录入文字“重来一次”，图片设置【高级动画】—【触发】—单击：圆角矩形 60：重来一次动画。

(8)【插入】—【形状】—选择“矩形”，拖动圆角矩形，大小设置为：高度 1.2 厘米，宽度 3.2 厘米；形状样式设置为：强烈效果—水绿色，强调颜色 5；在圆角矩形上单击鼠标右键，选择【编辑文字】，录入文字“点赞”；图片设置【高级动画】—【触发】—单击：圆角矩形 61：“点赞”动画，再【插入】—【音频】—【文件中的音频】—选择 yes 音频插入。

(9)【插入】—【文本框】—选择横向文本框插入，录入文字“请点击图片”。

(10)【插入】—【形状】—选择“箭头总汇”，拖动右箭头，高 1 厘米，宽 0.77 厘米，然后选中该右箭头，【格式】—【编辑形状】—【编辑顶点】，按住 Ctrl 辅助键，在右箭头四周边线上设置控制点，更改右箭头的形状，然后放到图片旁，图形置于顶层。

(11)选中相应图片与轮廓矩形，单击鼠标右键，选择【组合】，图片设置【高级动画】—【触发】—单击：组合 2 动画。

(12)按照上述步骤完成六个组合。

(13)【插入】—【文本框】—选择“横向文本”框插入，录入文字“排一排小蝌蚪变青蛙过程”；字体：微软雅黑；字号：20 磅，页面左上角添加。

(14)页面左上角添加“排一排”图形。

(15)每页【插入】—【形状】—选择“矩形”，拖动圆角矩形，大小设置为：高度 0.8 厘米，宽度 1.8 厘米；形状样式设置为：中等效果—橙色—强调颜色 6，在圆角矩形上单击鼠标右键，选择【编辑文字】，录入文字“上一页”，在圆角矩形上单击鼠标右键，选择【编辑超链接】—选择本文档中的位置(A)—选择上一张幻灯片。

(16)每页【插入】—【形状】—选择“矩形”，拖动圆角矩形，大小设置为：高度 0.8 厘米，宽度 1.8 厘米；形状样式设置为：中等效果—橙色—强调颜色 6，在圆角矩形上单击鼠标右键，选择【编辑文字】，录入文字“下一页”，在圆角矩形上单击鼠标右键，选择【编辑超链接】—选择本文档中的位置(A)—选择下一张幻灯片。

(17)每页【插入】—【形状】—选择“矩形”，拖动圆角矩形，大小设置为：高度 0.8 厘米，宽度 1.8 厘米；形状样式设置为：中等效果—橙色—强调颜色 6，在圆角矩形上单击鼠标右键，选择【编辑文字】，录入文字“返回”，在圆角矩形上单击鼠标右键，选择【编辑超链接】—选择本文档中的位置(A)—选择幻灯片 2。

(18)按照图 9-37 所示效果摆放。

图 9-37

8. 制作“拓一拓”部分内容

此部分内容是让幼儿拓展知识，发散思维，去思考青蛙有哪些本领？

(1)【开始】—【新建】—选择之前设计好的母版“内容幻灯片”。

(2)【插入】—【图片】—【文件中的图片】—选择相应图片插入。

(3)【插入】—【形状】—选择“标注”，拖动椭圆形标注，大小设置为：高度 7.27 厘米，宽度 10.25 厘米；形状样式设置为：水绿色—强调文字颜色 5—淡色 80%，在椭圆形标注上单击鼠标右键，选择【编辑文字】，录入文字“你知道青蛙有什么本领吗？”。

(4)页面左上角添加“拓一拓”图形。

(5)每页【插入】—【形状】—选择“矩形”，拖动圆角矩形，大小设置为：高度 0.8 厘米，宽度 1.8 厘米；形状样式设置为：中等效果—橙色—强调颜色 6，在圆角矩形上单击鼠标右键，选择【编辑文字】，录入文字“上一页”，在圆角矩形上单击鼠标右键，选择【编辑超链接】—选择本文档中的位置(A)—选择上一张幻灯片。

(6)每页【插入】—【形状】—选择“矩形”，拖动圆角矩形，大小设置为：高度 0.8 厘米，宽度 1.8 厘米；形状样式设置为：中等效果—橙色—强调颜色 6，在圆角矩形上单击鼠标右键，选择【编辑文字】，录入文字“下一页”，在圆角矩形上单击鼠标右键，选择【编辑超链接】—选择本文档中的位置(A)—选择下一张幻灯片。

(7)每页【插入】—【形状】—选择“矩形”，拖动圆角矩形，大小设置为：高度 0.8 厘米，宽度 1.8 厘米；形状样式设置为：中等效果—橙色—强调颜色 6，在圆角矩形上单击鼠标右键，选择【编辑文字】，录入文字“返回”，在圆角矩形上单击鼠标右键，选择【编辑超链接】—选择本文档中的位置(A)—选择幻灯片 2。

9.3 《我是中国娃》

9.3.1 设计目标

通过此课件的学习，幼儿可以达到如下目标：

1. 初步了解中国人的肤色、外貌、吃、喝、用、住等方面和外国人的不同。
2. 知道中国地图在世界的位置，知道中国很大。
3. 知道中国人从古代到现代都很聪明，萌发作为一个中国人的自豪感。

9.3.2 案例展示

9.3.3 制作课件

1. 制作母版

(1)封面封底母版。

a.【视图】—【幻灯片母版】，选择“标题幻灯片版式”，插入相应图片并设置格式(删除背景、裁剪、调整大小、位置、对齐方式等。

b. 设置背景色为白色。完成后效果如图 9-38 所示。

(2) 内容页母版。

【视图】—【幻灯片母版】，选择“空白版式”，复制封面母版，删除相关图片。完成后效果如图 9-39。

图 9-38

图 9-39

(3) 关闭母版视图。

2. 制作封面封底

新建一张幻灯片，选择标题幻灯片版式。

3. 制作导航目录页

(1) 新建一张幻灯片，选择空白版式。

(2) 插入相应图片并设置格式。

(3) 插入圆角矩形，设置格式(大小、位置、旋转角度、填充色、轮廓色等)；复制若干份，修改填充色；设置它们的对齐方式，使分布得整齐而又错落有致；分别添加文字“找一找”“说一说”“赏一赏”“秀一秀”“唱一唱”(这些文字即是小标题)。

(4) 绘制一个不规则矩形将上述圆角矩形串起来，并设置不规则矩形的格式。完成后效果如图 9-40 所示。

图 9-40

4. 制作“找一找”部分

“找一找”部分让小朋友在几个明显不同国籍的小朋友中找出中国小朋友，在世界地图中找出中国的位置。

(1)新建一张幻灯片，选择之前设计好的母版“空白版式”。

(2)制作导航条：页面上方做“找一找”圆角矩形；页面下方做“上一页”“下一页”“返回”圆角矩形，并给它们做相应动作。操作办法：选中“上一页”圆角矩形，选择【插入】—【动作】—【单击鼠标】—【超链接到】—【上一张幻灯片】。“下一页”“返回”操作方法相同。

(3)插入相应图片并设置格式。

(4)将小朋友图片复制一份，使用 PowerPoint 自带图片处理功能抠出中国小朋友，然后将抠出来的图片与原图完全重合。操作办法：选中小朋友图片，按 Ctrl+D 复制一份，选择【图片工具】—【格式】—【删除背景】，按提示操作，确认保留更改。(也可以不复制原图再抠图，而直接在原图上中国小朋友区域绘制一个形状)

(5)将单独抠出来的中国小朋友图片(或绘制的形状)做触发器效果：单击该图片时翘起大拇指表扬。操作办法：先给大拇指图片做出现类动画，然后在动画窗格中选中该动画条目，展开右侧下三角形，选择【计时】—【触发器】—【单击下列对象时启动效果】，在下拉列表中选择第(3)步中抠出的中国小朋友图片(或绘制的形状)。

(6)触发器效果中还可以有表扬声音。操作办法：【插入】—【音频】—【文件中的音频】，选择具体的音频文件，选择【插入】。打开动画窗格，将该动画条目也移动到触发器下。完成后效果如图 9-41。

(7)触发器下的动画是单击以后开始，所以在动画窗格中选中触发器下第一个动画条目，开始方式设置为“单击”。其他动画条目开始方式，根据它们之间的先后关系去设置。如图 9-42 所示。

图 9-41

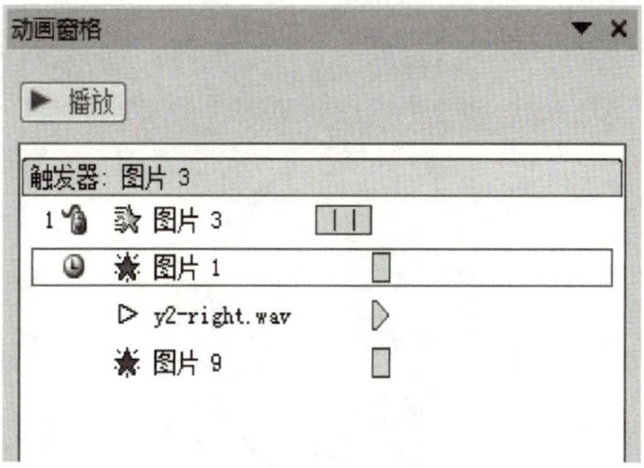

图 9-42

(8)在世界地图中找出中国：操作方法同上。

5. 制作“说一说”部分

“说一说”部分让小朋友在几组不同的食物或食具中找出中国小朋友喜爱的食物或习惯使用的食具。

(1)新建一张幻灯片，选择之前设计好的母版“空白版式”。

(2)制作导航条：页面上方做“说一说”圆角矩形；页面下方做“上一页”“下一页”“返回”圆角矩形，并给它们做相应动作。操作办法：选中“上一页”圆角矩形，选择【插入】—【动作】—【单击鼠标】—【超链接到】—【上一张幻灯片】。“下一页”“返回”操作方法相同。

(3)插入相应图片(长面包、汉堡、包子)并设置格式。

(4)将长面包做触发器效果：单击该图片时出现哭脸图片。操作办法：先给哭脸图片做出现类动画，然后在动画窗格中选中该动画条目，展开右侧下三角形，选择【计时】—【触发器】—【单击下列对象时启动效果】，在下拉列表中选择长面包图片，如图 9-43 所示。

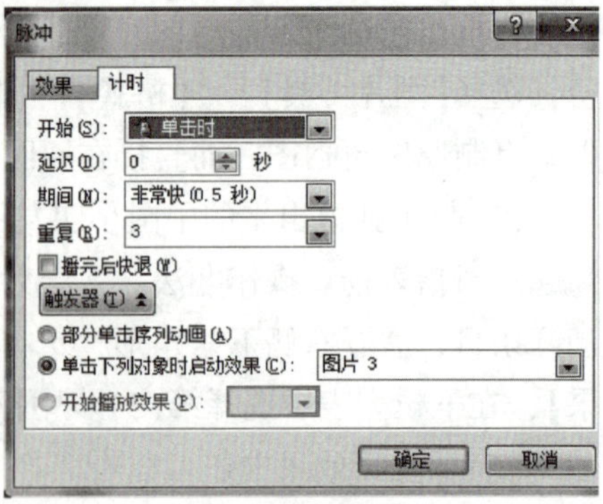

图 9-43

(5)汉堡的触发器效果与长面包的操作方法相同。

(6)包子的效果可以与长面包、汉堡的操作方法相同，都是用触发器达到这个效果，也可以使用超链接。这里演示使用超链接的方法：在另一张页面(不在同一张页面)做出包子的动画和声音(具体方法同前，略)；回到选择页面(有三种食物的页面)，选中包子图片，选择【插入】—【超链接】—【本文档中的位置】，然后在窗口右侧选择具体幻灯片，如图 9-44 所示。

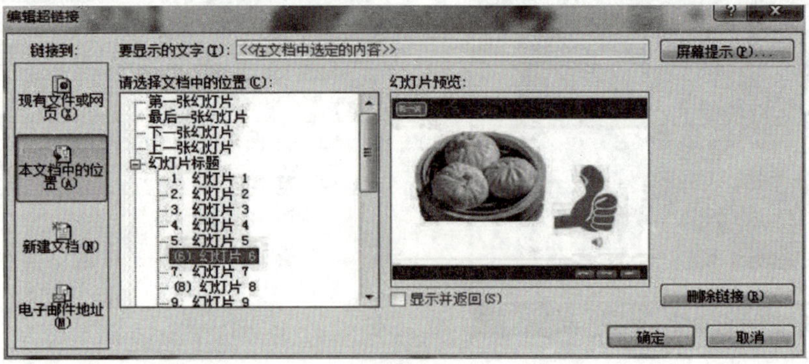

图 9-44

(7)其他的“说一说”：操作方法同上。

6. 制作“赏一赏”部分

“赏一赏”部分让小朋友欣赏一些音视频形式的中国传统的民俗民粹，如京剧、剪纸、国画等。

(1)新建一张幻灯片，选择之前设计好的母版“空白版式”。

(2)制作导航条：页面上方做“赏一赏”圆角矩形；页面下方做“上一页”“下一页”“返回”圆角矩形，并给它们做相应动作。操作办法：选中“上一页”圆角矩形，选择【插入】—【动作】—【单击鼠标】—【超链接到】—【上一张幻灯片】。“下一页”“返回”操作方法相同。

(3)插入京剧图片并设置格式；插入一个圆角矩形，设置格式，添加文字为“欣赏京剧”。

(4)插入京剧音频。操作办法：【插入】—【音频】—【文件中的音频】，选择具体的音频文件，选择【插入】。完成后效果如图 9-45 所示。

(5)做触发器效果：单击“欣赏京剧”圆角矩形时出现声音。操作办法：在动画窗格中选中音频动画，展开右侧下三角形，选择【计时】—【触发器】—【单击下列对象时启动效果】，在下拉列表中选择“欣赏京剧”圆角矩形。

(6)欣赏京剧的效果除了使用触发器，也可以使用超链接，操作方法相同与前同。如图 9-46 所示。

图 9-45

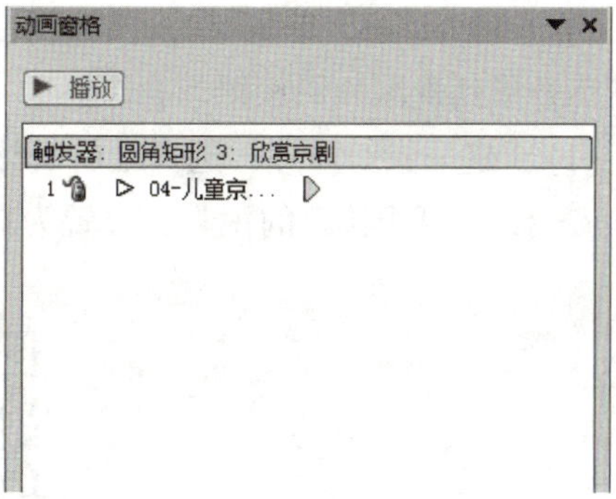

图 9-46

(7)其他的“赏一赏”：操作方法同上。

7. 制作“秀一秀”部分

“秀一秀”部分让小朋友欣赏一些能代表中国特色的图片，如长城、故宫、熊猫、高铁等。

(1)新建一张幻灯片，选择之前设计好的母版“空白版式”。

(2)制作导航条：页面上方做“秀一秀”圆角矩形；页面下方做“上一页”“下一页”

“返回”圆角矩形，并给它们做相应动作。操作办法：选中“上一页”圆角矩形，选择【插入】—【动作】—【单击鼠标】—【超链接到】—【上一张幻灯片】。“下一页”“返回”操作方法相同。

(3)插入长城、故宫图片并设置格式。完成后如图 9-47 所示。

(4)设置它们的动画。操作办法：选中要设置动画的对象(长城图片)，选择【动画】—【添加动画】，根据需要选择具体动画，这里选择出现类中的“淡出”。在动画窗格中选中相应动画条目，展开右侧下三角形，可以对动画进行详细设置，如图 9-48 所示。也可以在功能区进行设置，如图 9-49 所示。

图 9-47

图 9-48

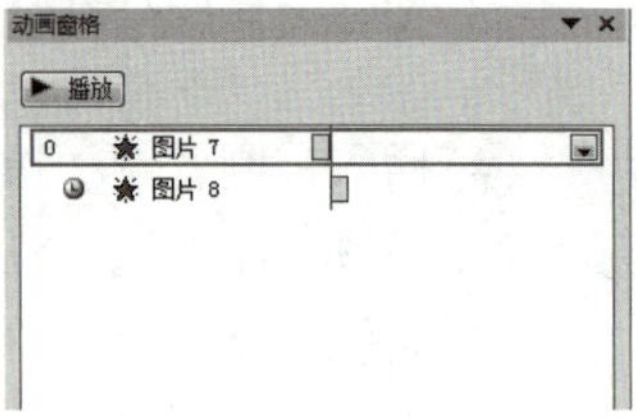

图 9-49

(5)其他的“秀一秀”：操作方法同上。

8. 制作“唱一唱”部分

“秀一秀”部分让小朋友通过唱国歌，能强烈感受到自己作为一个中国人是自豪的，将情感升华到爱国和民族感、自豪感。

(1)新建一张幻灯片，选择之前设计好的母版“空白版式”。

(2)插入“升国旗”的视频，设置为自动播放即可。

第十章　PPT 课件制作相关知识

PPT 课件制作不是一项轻松的工作，除了需要精心设计之外，素材的收集也是较为麻烦的事，往往花费的时间也多，有时候我们得到的素材还不一定理想，那么这方面有没有什么技巧呢？

10.1　如何获取高清图片

图片是我们制作课件用的最多的素材，有时候图片不清楚会造成一些不好的效果，那么如何获取高清图片呢？

10.1.1　自己拍摄的图片

我们一般会选用通过自己手机或数码相机拍摄的图片。只要拍照清晰，图片质量应该不错，可以进行放大操作。但要注意的是要保存照片的原文件进行使用。一般现在的手机拍摄的图片，即使放大到多倍的 PowerPoint 幻灯片屏幕大小也依旧清晰。

如图 10-1 是用一部摄像头像素为 800 万像素的手机拍摄的图片，图 10-2 是把图片放大到 4 倍的效果。

图 10-1

图 10-2

10.1.2　网络上获取的图片

我们也经常从网络中获取我们需要的图片，如果想在网络上获取高清图片，得注意以下两个事项：

先找到分辨率较高的图片：如在百度图片中搜索“苹果”的图片，索搜后，浏览器列出了很多的苹果图片（如图 10-3 所示），那么哪些是高清图片呢？

图 10-3

一般来说，分辨率越高的图片越清晰，当我们把鼠标移到某个苹果图片上的时候，会显示这个图片的信息，在图片的左下角会有排相乘的数字，这些数字就表示的是这个图片的分辨率，如图 10-4。

图 10-4

我们可以直接选择如图高清类型，让浏览器只列出分辨率较高的图片，如图 10-5 所示。

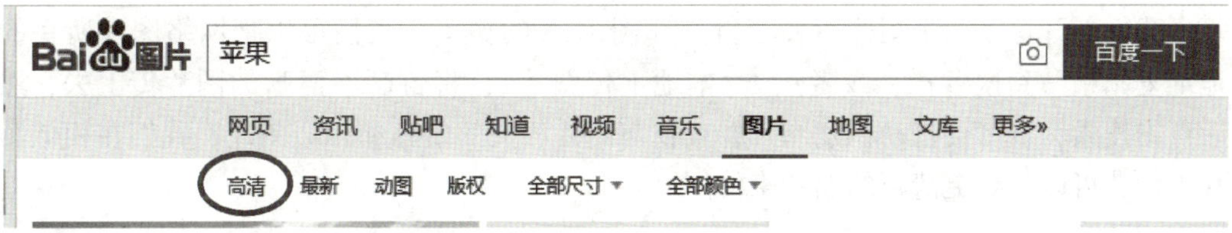

图 10-5

点开原图下载保存：当浏览器列出分辨率较高的图片后，我们看到的只是缩略图形式的图片，不是真正高分辨率的图，我们还需点开该图片后，看到大图才是我们需要保存的高清图片，我们可以直接在大图片上点击鼠标右键，在弹出的列表里面选择“图片另存为”即可保存该图片到自己的电脑中，如图 10-6 所示。

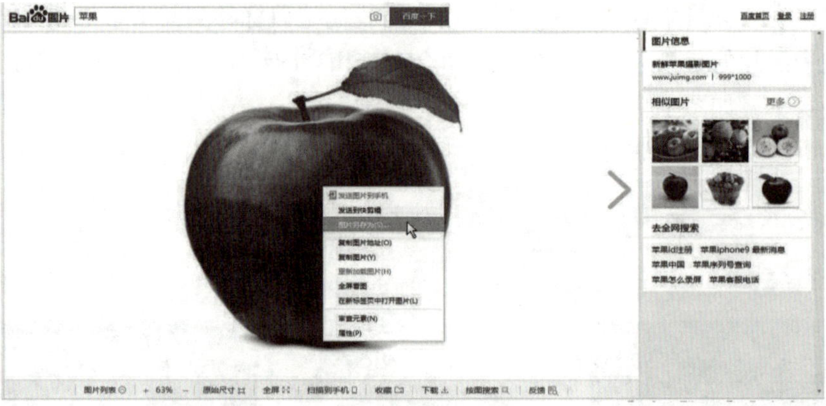

图 10-6

10.1.3 现有的图片不清晰

如果现有的图片不清晰，是自己拍摄的图片就需要找拍摄的图片原文件使用，是网络上获取的图片就可以通过百度的图片搜索功能来查找，百度搜索栏后面有个相机图标，就是图片搜索(如图 10-7)。

图 10-7

我们点开这个相机图标后，会打开如图 10-8 的窗口，我们可以把网络图片所在的地址复制粘贴到搜索栏，或者点击“本地上传图片”，将自己不清晰的图片传上去，然后点击搜索，百度会自动识别图片并查找与图片相关的信息和相似图片，我们在相似图片里面就可以找到更清晰的图片来使用。

图 10-8

10.2 如何获取音频资源

在做幼儿课件的时候，声音是不可缺少的元素，我们如何才能得到自己想要的音频资源呢？

10.2.1 网络获取

一些背景音乐或示范音，我们可以从网络上下载，有下载地址的直接点击下载，而有些网页的背景音乐我们听得到，但找不到下载位置的，我们可以通过浏览器的缓存文件夹来找到这个音乐文件，因为我们通过网页浏览器浏览的一些图片、声音等网页内容是先保存到我们电脑中后再显示出来的，具体操作步骤如下：

使用浏览器完整地听一遍背景音乐，保证此音乐全部缓存到我们电脑的文件中，然后点击浏览器工具菜单，选择“Internet 选项”，如图 10-9 所示，打开“Internet 属性”设置，然后点击浏览历史记录里面的“设置”按钮，如图 10-10 所示，打开“网站数据设置”，再点击“查看文件”按钮，即可浏览网站缓存文件，可能文件比较多，建议查看文件详细信息，然后按类型排序，可快速地找到我们所需要的声音文件。

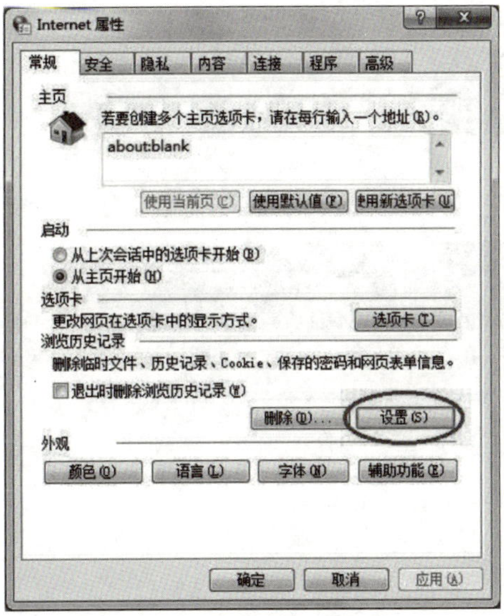

图 10-9

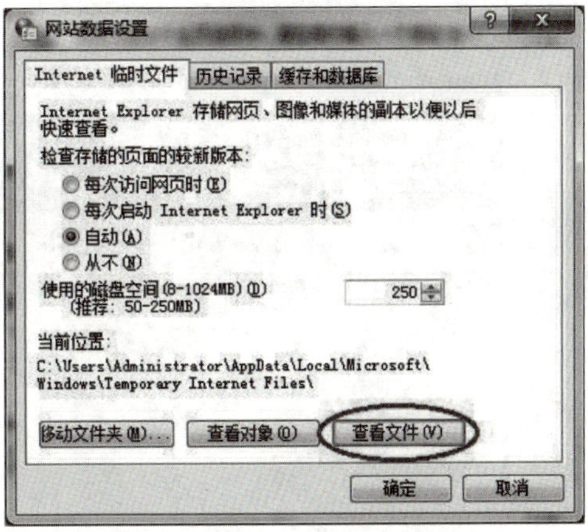

图 10-10

10.2.2 自己录音

有时候我们所需的声音文件是网络上找不到的，我们就需要自己录音。我们可以通过手机、电脑接麦克风等设备来录音，录音的时候注意周围环境的安静，建议条件允许的情况下在专业的录音室进行录音，以保证录音的质量。

10.3　如何获取视频资源

我们有时候也需要把视频添加到我们的课件里面去，对于视频的获取，我们除了自己拍摄的视频外，还可以从网络搜索下载或购买获取我们所需的视频。

10.3.1　网络搜索视频资源

我们可以从常见的各大热门视频网站搜索自己想要的视频资源，比如优酷、搜狐等，进网站的时候要注意网络安全，有些小网站经常会有病毒或不良广告，如图 10-11 所示，我们可以直接在优酷网站搜索栏搜索我们想要的视频资源，在下载的时候需要使用优酷的账号和优酷的客户端才能下载。

图 10-11

10.3.2　从购物网站购买视频资源

如果普通网站上找不到符合我们的视频，我们还可以选择从购物网站来购买我们想要的视频，如图 10-12 所示，在淘宝网上搜索“幼儿园视频”，但在购买的时候注意网站安全和支付安全，购买的视频资源的发货方式除了发送实物包裹以外，还可以采用发送电子邮件附件或网盘提取码等方式。

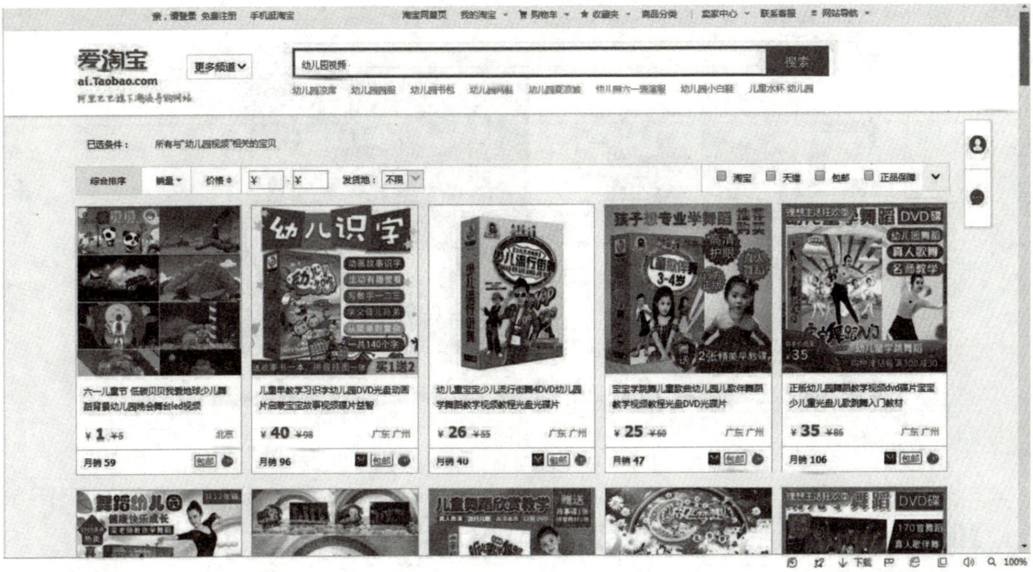

图 10-12

10.4　如何获取别人 PPT 中的多媒体资源

如果我们看到一些别人 PowerPoint 课件有质量不错的素材，如背景图片、嵌入的声音以及 FLASH 动画等，我们可以将这些素材保存下来以便自己使用。

10.4.1　可以直接复制的资源

在观看别人的 PowerPoint 课件的时候，大部分图片我们是可以直接复制粘贴到自己的课件里面进行使用的，也可以在图片上点击鼠标右键，选择“另存为图片”，将图片保存在自己的电脑上，以备以后使用，如图 10-13 所示。注意有些母板背景等图片不能复制的，需要进入到“幻灯片母板”视图模式下进行复制。

10.4.2　不能直接复制的资源

在观看别人的 PowerPoint 课件的时候，有些资源我们是复制不了的，比如背景音乐、视频等，我们可以采用这样的方法来保存。

PowerPoint2003 版本的课件，我们可以使用 PowerPoint2003 另存为网页格式，在保存的网页格式 . file 文件夹中，会有该课件中所有的图片、声音等媒体文件。

PowerPoint2007 及以后版本的课件，我们可以更改课件文件的后缀名 . pptx 为压缩文件的后缀名 . rar，然后解压缩该文件，在解压缩出来的文件夹 \ ppt \ media 文件夹中会有该课件中所有的图片、声音、视频等媒体文件。

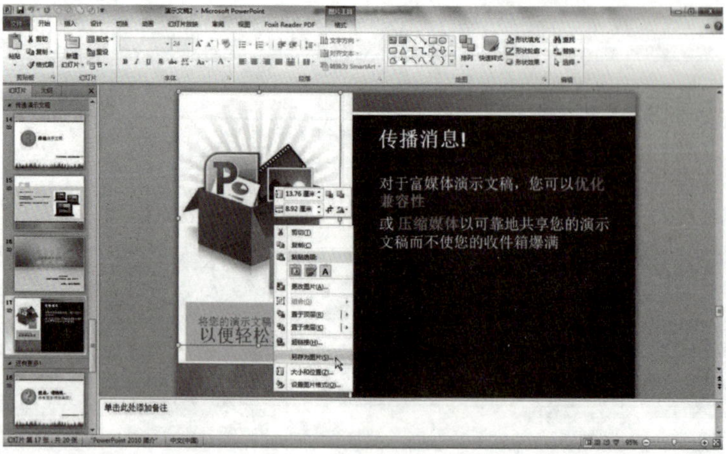

图 10-13

10.5　如何从视频中截取需要的图片

有时候我们需要使用的是图片素材，而我们只有视频资源，我们需要从视频资源中截取图片来使用，我们可以使用以下几种方法。

通过截屏键进行截图：在我们使用视频播放软件播放视频资源的时候，在需要截图的画面暂停，然后按键盘上的“Print Screen”键，会将该画面保存在计算机的内存中，我们可以打开“画图”程序选择“粘贴”，或者直接在我们 PowerPoint 软件中进行“粘贴”，就可以把我们刚才的计算机屏幕画面保存下来，再通过“裁剪”等操作，仅保留视频的画面，就截取了视频中的图片。

通过视频播放软件进行截图：我们在使用视频播放软件播放视频资源的时候，可以使用软件的截图功能进行截图，常用的视频播放软件暴风影音、kmplayer 等都有这一功能，如使用暴风影音在播放的时候默认是按“F5”功能键进行截图，截图后的图片默认保存在“C：\ Users \ Adminstrator \ Pictures”文件夹中。

通过视频编辑软件进行截图：我们还可以使用 Premiere、会声会影、After Effects 等视频编辑软件可以把视频拆解成序列图片，如使用会声会影—【分享】—【创建视频文件】—【自定义】—【友立图像序列】可获得 Windows 位图图像。这就相当于是视频中的帧图像——即原图片。

10.6　如何获取图片中的文字

我们有时候需要的文字是图片中的，而我们不能把图片加上去，我们需要把文字从图片中提取出来，可以通过以下几种方法。

10.6.1 手机 QQ 提取图片中的文字

将图片随意发送给任何一个人或任何一个群，然后点击图片查看大图，然后长按图片识别，在对应弹出的选项选择“提取图中文字”，即可把图片中的文字提取出来了，如图 10-14 所示。

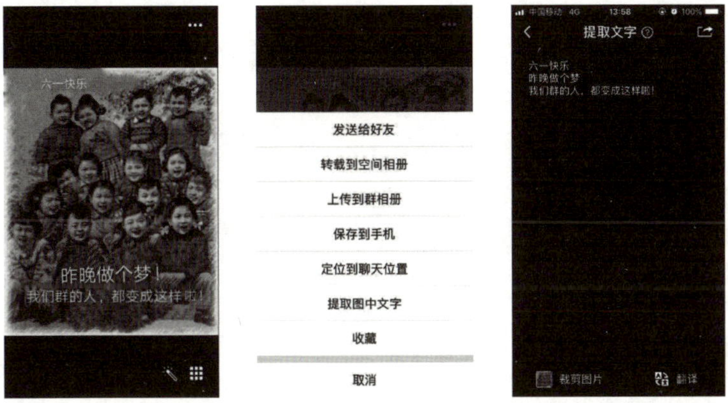

图 10-14

10.6.2 使用微软 Office 中的 OneNote 软件

打开微软公司 Office 软件系列中的 OneNote 软件，新建一个笔记本，把要提取文字的图片插入到文档中，然后右键点击图片，在弹出的菜单选项里选择“复制图片中的文字”，如图 10-15 所示，然后粘贴到写字本或 Word 文档当中，即可把文字保存下来。

图 10-15

除了以上的两种方法，我们还可以通过一些文字识别软件来提取图片中的文字，如微信小程序里面的“图片文字识别”、捷速 OCR 文字识别软件等来提取图片中的文字，文字识别软件可能需要购买或注册才能使用。